法文書作成

のための

Microsoft

Word
2019

高田靖也●著

弁護士 小路健太郎●監修

はじめに

　訴状、答弁書、準備書面等の裁判書面や契約書等の法文書を作成するにあたり、形式やレイアウトよりも、法令・判例の調査能力や、それに基づく判断処理能力、論理性、文書として他者に論証するための表現力が最も重要なものであることはいうまでもありません。こうした意味での法文書作成要領については、大学や大学院でも講座が開設され、法律実務家間でも活発に議論され、良書も多数刊行されています。リーガルリサーチ、リーガルライティングという言葉が存在し、広く認知されているくらいですから、分野としてはすでに確立されたものとなっています。

　一方で、文書作成過程での形式的な面や、作成するためのツールであるワープロソフトの操作方法は、法文書作成においては副次的な事項であるにすぎません。そのため、この分野に焦点を置いた解説書は、日本においてはほとんど出版されていないのが現状です。これは多くの場合、汎用的なワープロソフトの解説書を参照すれば、それで事足りると考えられているからかもしれません。しかし、法律実務における Microsoft Word をはじめとするワープロソフトの使用実態を見てみますと、従来の解説書の範囲をはるかに超えたスキルが求められているように思います。筆者はこれまで、いくつかの法律事務所や企業でトレーニングや IT サポートに携わってきましたが、法律事務の現場ほどワープロソフトの機能を幅広く、かつ複雑に使用する現場はないと考えています。もちろん、ワープロソフトの多くの機能を網羅した辞典型の書籍は、多く出版されてはいます。しかし、どのような場面で、どのような機能を、どのように組み合わせて利用するかという点においては、あくまで辞典の範囲に留まっており、内容も法律実務を意識したものであるとはいい難いのが現実です。

　とりわけ米国においては、本書のような法律実務に即したワープロソフトやオフィスシステムの解説書が、数多く発行されています。弁護士向けのオフィスシステムの本、パラリーガル向けのオフィスシステムの本、弁護士秘書向けのオフィスシステムの本といった具合に、実に細分化されています。

　日々大量の法文書の起案や編集にあたる法律実務家にとっては、法文書を作成する過程で使用するワープロソフトを上手に扱えるということは、単に時間的効率の面からだけでなく、ストレスフリーな業務遂行をする上では、軽視できない事項なのではないでしょうか。文書作成のためのワープロソフトの操作という技術的な作業と、法文書作成のためのロジックの組み立てという知的生産活動が、実際には並行して行われているという現実を考えると、ワープロソフトの操作上の問題によって思考が阻害され、時間的なロスも生じるという事態は、解決しておくべき課題の一つといえます。また、法律事

務所のスタッフにとっても、ワープロソフトへの理解を深めることにより、弁護士からの修正依頼に対するレスポンスを向上させ、業務全体の処理能力の向上を図ることが可能となります。

　本書は、今後各事務所で導入が進むと考えられる Microsoft Word 2019 を対象として、法律実務に必要となる機能に焦点を置き、Word に慣れ親しんだユーザーはもちろん、初学者にとってもできるだけ分かりやすく解説できるよう努めました。また、日々多くの課題を抱える法科大学院生にとっても、本書は大いに有用ではないかと考えています。本書にひととおり目を通していただき、文書作成業務の効率向上につながるような発見をしていただければ幸いです。

Word 2019 版への改訂にあたり

Word 2016 と Word 2019 とは、法文書作成に必要な点に限って言えば、機能やユーザーインターフェースに大きな違いはありません。そのため、Word 2019 ユーザーの方にも、引き続き前著「法文書作成のための Microsoft Word 2016」を利用いただけますし、逆に Word 2016 ユーザーの方であっても、本書は参考になるはずです。

今回 Word 2019 版への改訂にあたり、弁護士や法律事務所スタッフへの対応から得られた情報をもとに、多少ですが実務的な小技についての解説を増やしました。

目　次

第 10 章　目次の作成 121

第 11 章　文書の校正に役立つ機能 133

第 12 章　変更の履歴と文書の比較 141

1

法文書作成の際の
留意点

　本章では、法文書作成における Word の使用にあたり、まず留意いただきたい点について解説しています。本書において解説されているそれぞれの Word の操作について、どのような考え方に基づいて、またどのようなシチュエーションでの使用が想定されているのかが述べられています。

　本書は、あくまで法文書作成に必要な Word の機能や操作の解説に焦点を置いているため、ワードアートや図の装飾など、他のどの解説書にも掲載されているような事項であっても触れられていません。逆に、一般の解説書ではあまり深く掘り下げられていないような、スタイルの設定、変更履歴、差し込み印刷などを詳細に解説しています。

　本書の内容は、すべて本章の、「効率的な文書作成」、「厳密な書式設定」、「正確な文書校正」、「円滑な共同作業」、「堅牢なセキュリティ」という 5 つの柱に基づいています。

　法文書を作成する際には、法令・判例の調査能力や、それに基づく判断処理能力、論理性、文書として他者に論証するための表現力など、多くの能力が求められます。これらは、最終的には文書という形でアウトプットされる場合が多いわけですが、文書作成・修正等の文書処理そのものは、法律実務家本来の戦略的業務ではないため、ここ数年多少の盛り上がりはみせつつも、あまり重要視されていないのが現実です。しかし実際には、法律事務所のスタッフや、若手弁護士などにとっては、文書処理に充てる時間は、全体の業務のなかでも多くの割合を占めているのではないでしょうか。

　リーガルサービスにおける成果物としての法文書は、厳密な書式に則り、かつ効率的な作成が求められる一方で、誤記や用語の不統一等の単純なミスや、第三者に対する漏洩リスク等に対しては、一般の文書以上に配慮されるべき種類の文書であるといえます。また、法文書のなかには、共同作業のなかから最終版に至るものも多いため、文書処理過程における共同作業者との円滑なコミュニケーションが必要不可欠です。本章では、法文書作成における留意点をあげながら、本書の各章との関係について解説します。

1.1　効率的な文書作成

　あなたが法律事務所のスタッフの場合、担当弁護士からの文書処理作業の依頼は、日常業務の一つのはずです。その場合、あなたの文書処理能力が、担当弁護士の業務のスピードを大きく左右していることを意識しましょう。弁護士は、多くの職業のなかでも時間単価の高い職業の一つです。弁護士の文書処理依頼に対して、自身のレスポンスを向上させ、弁護士の業務スピードを阻害することのないようスキルを磨いていきましょう。

　あなたがアソシエイト弁護士の場合、クライアントや同僚、パートナー弁護士など、共同作業者の時間を損なっていないか、また文書処理そのものに係る時間が、全体の作業のなかで過大な負担になりすぎていないか検討してみましょう。特にタイムチャージの場合、効率的な文書処理を行えるか否かは、理論上、時間面のみならず、費用面でもクライアントの満足度に影響することになります。弁護士に限らず、複数の業務を同時並行的に処理することが求められる法律実務家にとっては、単なる時間的効率という面からだけではなく、ストレスフリーな作業進行のためにも、文書処理の効率化を図ることは、重要な課題の一つといえるのではないでしょうか。このような、効率的な文書処理のための Word の諸機能のうち、基本的なものについては第 3 章で解説されています。

1.2　厳密な書式設定

　法文書には、余白や文字のサイズ、ページ内の行数、文字数などが規定されているものも存在します。裁判文書について、日弁連のサイト[※1] では、A4 判横書、片面印刷、1 行 37 文字、1 ページ 26 行、左余白 30mm、上余白 35mm、フォント 12 ポイントなどが、原則として示されています。また、句読点については、原則として一般の文書にあるような「、。」の組み合わせではなく、「,。」を使用することが望ましいとされています。これらの設定方法については、第 4 章および第 5 章で解説されています。

　また、項目の細別については、「第 1 － 1 －（1）－ア－（ア）」の順で階層化されるのが望ましいとされています。このような構造化された文書処理のための機能については、第 6 章および第 7 章で解説されています。

1.3　正確な文書校正

　法文書の性質上、些細な誤記が、その後の重大なトラブルを引き起こすことは十分考えられることです。クライアントや裁判所に提出する書面は、最終的にはパートナー弁護士や担当弁護士のチェックが入るとはいえ、単なるタイポや文法のミス、用語の不統一などは、事前にすべて修正しておきましょう。たとえば、同じ文書中に、「いたる」と「至る」、「および」と「及び」、その他送り仮名の不統一がないように、事前に Word の校正機能を利用して、統一させておきましょう。このような文書校正のための機能については、第 11 章で解説されています。

1.4　円滑な共同作業

　法文書によっては、単独で作成する以外に、クライアントやチームのメンバー等、多くのユーザーの手を経て最終版に至るものも存在します。一方で、多くのユーザーの手を経るということは、それだけ文書内に多くの意図や習慣が混在することになるため、

※1　「役立つ書式など」https://www.nichibenren.or.jp/legal_advice/oyakudachi/format.html

文書の編集を行う場合、他のユーザーに対し、各ユーザーの修正点や変更点をその都度明らかにしておかないと、思わぬミスコミュニケーションが発生することになります。

　文書の校閲については、Word に標準で搭載されている機能を利用する場合から、個別の校閲ソフトを利用する場合までさまざまです。これらは大きく分ければ、変更履歴のような「変更追跡型」のものと、文書比較のような「版比較型」のものに大別することができます。できるだけ案件の初期の段階で、ユーザー間の校閲方法についての意思統一をしておくと、後々のやりとりをスムーズに行うことができるようになります。このような文書校閲のための機能については、第 12 章で解説されています。

　また、複数ユーザーが関わる文書では、単に自分自身がよく利用する機能にのみ習熟しておけばよいということにはならず、Word の機能をある程度網羅的に把握しておく必要があります。共同作業者が、必ずしも自分と同じ方法で、目的のレイアウトを実現しているとは限りません。その場合でも、他人の作成した文書の編集を行う必要があるからです。

1.5　堅牢なセキュリティ

　一般に、法文書は機密性の高い文書が多いでしょうから、セキュリティについては特に意識して文書を取り扱う必要があります。場合によっては、他のユーザーが文書を自由に編集できないよう制限したり、何らかの編集が行われた際には必ず変更履歴が付くような設定をしたりといったことも検討しなければなりません。

　また、外部にソフトコピーで配布する際には、変更履歴やコメント、文書の作成者や組織名といった、個人情報を含むメタデータを削除しておく必要があります。実際に、メタデータを削除せず配布してしまった文書から、訴訟予定の相手の名前が漏洩してしまったという事件が発生しています。また、過去案件のサンプルデータをもとに作成した契約書に、当該案件の当事者の情報が残っていた例もあります。こうした情報漏洩リスクを事前に防ぐためにも、メタデータの削除は重要です。

　このような、ヒューマンエラーから生じるセキュリティリスクだけではなく、事業継続性の観点から、天災や PC トラブルについての対策も講じておく必要があります。具体的には、文書のバックアップを適切に行っておくことで、万一の際の被害を最小限に留めることができます。

　このような、セキュリティ全般についての機能は、第 14 章で解説されています。

Word 2019
使用のための準備

　本章では、Word 2019 の使用にあたり、基本的な画面構成と操作ツールの確認や、より便利に使うための下準備などについて解説していきます。Word 2019 では、前バージョンの 2016 と比べて、アイコンや 3D モデルといった主に装飾的な部分での新機能や、文書の読み上げ、リアルタイム共同編集などの新機能が追加されていますが、「法文書作成のための…」という観点に限ればほとんど違いはありません。タブやグループのレイアウトもほぼ同じです。

　デフォルトのフォントは、前バージョンの Word 2016 から「MS明朝」に代わり「游明朝」に変更になっています。本章では、念のため前々バージョンの Word 2013 以前のバージョンからの移行ユーザーを対象に、デフォルトフォントの変更方法をはじめ、起動時にスタート画面を表示させない方法や、アニメーションをオフにする方法にも触れておきます。

2.1 Word 2019 の画面構成

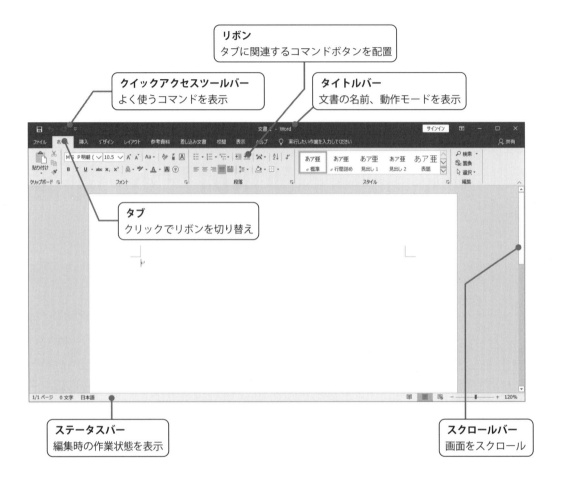

リボン
タブに関連するコマンドボタンを配置

クイックアクセスツールバー
よく使うコマンドを表示

タイトルバー
文書の名前、動作モードを表示

タブ
クリックでリボンを切り替え

ステータスバー
編集時の作業状態を表示

スクロールバー
画面をスクロール

2.2 Word 2019 の操作ツール

2.2.1 リボン

　Word の操作に必要なコマンドボタンは、リボン上に配置されています。リボンはタブをクリックすることで切り替えることができます。リボン上には複数のコマンドがグループ化されており、グループは一般的な文書作成作業の流れに沿った形で、左から右に配置されています。また、グループの右下に ⌐ ボタンがある場合、これをクリックすることでより詳細な設定を行うことができます。

POINT ....

リボン上のコマンドボタンは、Word の作業領域の大きさに応じて形が変化します。

グループが縮小して表示される

本書中のコマンドボタンの形状は、原則として幅 1280 ピクセル（一部幅 1480 ピクセル）で表示されるものを採用しています。

....

2.2.2　ミニツールバー

文字をドラッグして選択すると、ミニツールバーが表示されます。

ミニツールバーが表示されます↵

ミニツールバーを利用することで、少ないマウス移動で簡単に書式を設定することができます。ミニツールバーは、右クリックで表示することもできます。

2.2.3　クイックアクセスツールバー

よく使うコマンドボタンは、クイックアクセスツールバーに追加しておくと便利です。

① 追加したいコマンドボタンの上で右クリック。
②「クイックアクセスツールバーに追加 (A)」をクリック。

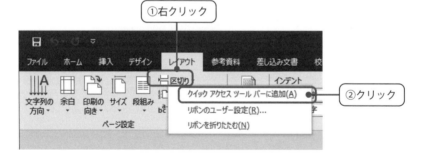

2.2.4 「ファイル」タブ

「ファイル」タブをクリックすることで、ファイルの作成、保存、印刷といった、ファイルそのものに関する操作を行うことができます。

- **新規**
  白紙の文書などを開きます。
- **開く**
  指定したファイルを開きます。
- **情報**
  文書の保護や、ドキュメントの検査などが行えます。
- **上書き保存**
  開いている文書を上書きして保存します。
- **名前を付けて保存**
  開いている文書を違う名前で保存します。
- **印刷**
  印刷や印刷プレビューが行えます。
- **オプション**
  Word の動作に関わる詳細な設定を行うことができます。

2.3 画面表示の変更

2.3.1 表示モード

　　Word にはいくつかの画面表示モードが存在します。通常利用している画面表示モードは、印刷レイアウトが多いと思いますが、編集に便利なアウトラインモードや下書きモードなども選択することができます。

　①「表示」タブをクリック。
　②「表示」グループから画面表示モードを選択。

2.3.2 編集記号の表示

　　タブ、スペースといった編集記号を画面に表示させることができます。

　①「ホーム」タブをクリック。
　②「段落」グループの ⚏ をクリック。

　　のオン / オフに関係なく、特定の編集記号が常に表示されるように設定すること
もできます。

①「ファイル」タブをクリック。
②「オプション」をクリック。
③「表示」をクリック。
④「常に画面に表示する編集記号」から選択。
⑤「OK」をクリック。

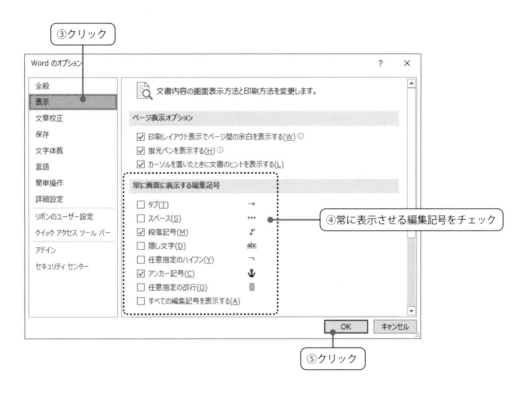

2.3.3　ルーラーとグリッド

　デフォルトでは、ルーラーやグリッドは表示されていませんが、「表示」タブ→「表示」グループから、表示のオン / オフを変更することができます。

　①「表示」タブをクリック。
　②「表示」グループの「ルーラー」または「グリッド」をチェック。

2.3.4　ルーラーの単位の変更

　ルーラーやグリッドの表示単位を変更することができます。デフォルトでは文字幅が単位となっていますが、もし不便を感じるようなことが多ければ、mm などの他の単位に変更してもよいかもしれません。

　①「ファイル」タブをクリック。
　②「オプション」をクリック。
　③「詳細設定」をクリック。
　④「表示」グループまでスクロール。
　⑤「単位に文字幅を使用する (W)」のチェックをはずす。
　⑥「OK」をクリック。

2.3.5　リボンを折りたたむ

　リボンを折りたたむことで、編集画面を広げることができます。コマンド操作の手間は増えてしまいますが、すっきりした画面が好みの方は、この設定をしてみてもよいかもしれません。

　① タブの上で右クリック。
　② 表示されるメニューのなかから「リボンを折りたたむ (N)」をクリック。

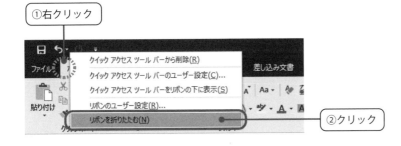

　　リボンを折りたたむと、タブだけが表示されるようになります。タブをクリックすることで、リボンが展開します。

2.3.6　クイックアクセスツールバーの表示位置

　　クイックアクセスツールバーは、デフォルトではタイトルバーと同じ位置に配置されていますが、この位置をリボンの下に変更することもできます。クイックアクセスツールバーを多用する方は、この設定をしてみてもよいかもしれません。

　① クイックアクセスツールバーの上で右クリック。
　② 表示されるメニューのなかから「クイックアクセスツールバーをリボンの下に表示 (S)」をクリック。

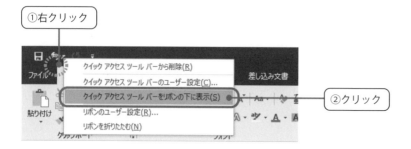

2.4　デフォルトフォントの変更

　　前バージョンの Word 2016 から、デフォルトのフォントが「MS 明朝」から「游明朝」に変更になりました。新フォントに移行するのも悪くはないかもしれませんが、これまで使い慣れた「MS 明朝」や「MS P 明朝」を、デフォルトフォントとして使用したい方も多いのではないでしょうか。
　　以下の手順でデフォルトフォントを変更することができます。

　①「デザイン」タブをクリック。
　②「フォント」ボタンをクリック。
　③ 一覧のなかから好みのフォントセットを選択。(「Arial-Times New Roman MS P ゴ

シック MS P 明朝」がよさそうです。）

④「既定に設定」をクリック。

2.5 起動時の画面の変更

Word の新規起動時に、スタート画面ではなくいきなり白紙の文書を表示させることができます。

① 「ファイル」タブをクリック。

② 「オプション」をクリック。

③ 「簡単操作」をクリック。

④ 「アプリケーションの表示オプション」グループの、「このアプリケーションの起動時にスタート画面を表示する (H)」のチェックをはずす。

⑤ 「OK」をクリック。

2.6　アニメーションの変更

Word の操作を行った際に表示されるアニメーションをオフにすることができます。

①「ファイル」タブをクリック。
②「オプション」をクリック。
③「簡単操作」をクリック。
④「操作の結果のオプション」グループの、「操作の結果をアニメーションで表示する（A）」のチェックをはずす。
⑤「OK」をクリック。

2.7　ナビゲーションウインドウの表示（再表示）

編集画面の左側にナビゲーションウインドウを表示することができます。

　ナビゲーションウインドウでは、「見出し」スタイル（第 7 章）の付けられた段落のリストが表示されますので、ページ数の多い文書の編集の際などに便利に使うことができます。

　最近は、ワイドスクリーンのディスプレイの使用が主流となり、編集画面の左右のスペースに余裕ができましたので、ナビゲーションウインドウを常時表示させておいてもよいかもしれません。

　ナビゲーションウインドウの表示（再表示）方法は以下の通りとなりますが、もっと簡単に Ctrl ＋ F で表示（再表示）させることも可能です。

①「表示」タブをクリック。
②「表示」グループの「ナビゲーションウインドウ」をチェック。

Word 2019 の
基本機能

　本章では、法文書作成にあたり、よく使用すると思われる編集機能を中心に解説していきます。なかには一般的な機能も含まれていますが、意外と知らずに使われていない機能もあるでしょうから、おさらいの意味も込めて紹介しておきます。とりわけ、検索や置換が上手にできるようになると、分量の多い文書を作成する上での効率が飛躍的に向上しますので、ぜひ押さえておいてほしいところです。また、裁判文書の特徴である句読点（「、。」ではなく「，。」）などは、その都度変換キーを使って呼び出すよりも、あらかじめデフォルトの設定にしておくのが便利ですし、表記の不統一も防ぐことができます。

3.1　文字列の選択

　　ドラッグで文字を選択する方法の他に、いくつかの選択方法を知っておくと、作業を効率よく進めることができるようになります。

3.1.1　行単位での選択

　　編集画面の左余白にマウスポインタを移動すると、ポインタの形が ⬦ に変わります。このポインタの時にクリックすると、行単位での選択を行うことができます。

第4条　賃貸借期間内にあっても甲または乙は9か月前までに相手方に対し書面によりその予告をすることによって
本契約を解約することができる。ただし、乙は予告に代えて9か月分の賃料および共益費相当額を甲に支
払い即時に解約することができる。↵

①クリック

3.1.2　段落単位での選択

　　編集画面の左余白にマウスポインタを移動すると、ポインタの形が ⬦ に変わります。このポインタの時にダブルクリックすると、段落単位での選択を行うことができます。

第4条　賃貸借期間内にあっても甲または乙は9か月前までに相手方に対し書面によりその予告をすることによって
本契約を解約することができる。ただし、乙は予告に代えて9か月分の賃料および共益費相当額を甲に支
払い即時に解約することができる。↵

ダブルクリック

POINT

段落の任意の位置にカーソルを移動しトリプルクリックでも、段落単位の選択をすることができます。

3.1.3 矩形選択

Alt キーを押しながらドラッグすると、行や段落を超えて、四角で囲まれた任意の範囲を選択することができます。

第4条　賃貸借期間内にあっても甲または乙は9か月前までに相手方に対し書面によりその予告をすることによって
本契約を解約することができる。ただし、乙は予告に代えて9か月分の賃料および共益費相当額を甲に支
払い即時に解約することができる。

2. 乙が本契約締結後、賃貸借期間開始日前に、乙の事情により本契約を解約したときは、乙は違約金として
9か月分の賃料および共益費相当額を甲に支払う。

3. 乙は本条前各項による解約日を　Alt ＋ ドラッグ　することはできない。

3.1.4 複数個所の同時選択

Ctrl キーを押しながら文字列を選択すると、複数個所を同時に選択することができます。複数箇所に対して同じ書式設定を適用したい場合などは、あらかじめ該当箇所を同時選択しておけば、一度の操作で一括変更することができます。

第4条　賃貸借期間内にあっても甲または乙は9か月前までに相手方に対し書面によりその予告をすることによって
本契約を解約することができる。ただし、乙は予告に代えて9か月分の賃料および共益費相当額を甲に支
払い即時に解約することができる。

Ctrl ＋ ドラッグ

3.2 書式のコピーと貼り付け

任意の箇所の書式をコピーし、書式のみ他の個所に貼り付けることができます。

① 「ホーム」タブをクリック
② コピーしたい書式が設定されている文字列を選択。
③ 「クリップボード」グループの「書式のコピー / 貼り付け」をクリックして書式コピー。
④ マウスポインタの形が ▒[に変わる。
⑤ 書式を貼り付けたい文字列をドラッグ。

POINT

　 は、一度貼り付けると元のポインタに戻ってしまいます。複数個所に書式を貼り付けたい場合、「書式のコピー / 貼り付け」をダブルクリックしておけば、書式を貼り付けた後でも、ポインタが のままになります。解除したい場合は再度「書式のコピー / 貼り付け」をクリックします。

3.3　文字列の置換

　文書内の特定の文字列を一括して変更したい場合、置換を利用して処理すると便利です。書式や段落記号、タブ記号といった特殊文字についても、置換の対象とすることができます。

①「ホーム」タブをクリック。
②「編集」グループの「置換」をクリック。

③「検索する文字列 (N)」フィールドに置換対象の文字列を入力。

④「置換後の文字列 (I)」フィールドに置換後の文字列を入力。

⑤ 一つ一つ置換する場合は「置換 (R)」を、一括で置換する場合は「すべて置換 (A)」
をクリック。

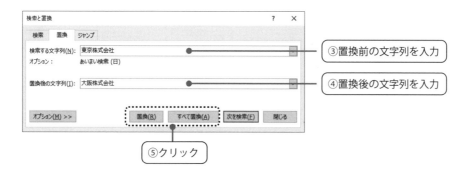

3.3.1　書式の置換

文字列はそのままに、書式のみを置換することもできます。ハイライト（蛍光ペン）
の付けられている箇所や取り消し線の付けられている箇所を、検索し置換したい場合に
便利です。（第 12 章の変更履歴による装飾は対象外です。）

①「検索する文字列 (N)」フィールドと「置換後の文字列 (I)」フィールドを空白にし
ておく。

②「オプション (M)」をクリック。

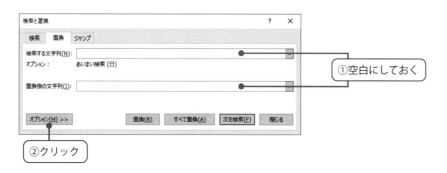

③「検索と置換」ダイアログが拡張され、「書式 (O)」ボタンが出現します

④「検索する文字列 (N)」フィールドをクリックし、「書式 (O)」ボタンをクリック。

⑤ 置換したい書式の種類を選択。（それぞれの書式の設定については第 4 章、第 5 章を参照してください。）

⑥ 一つ一つ置換する場合は「置換 (R)」を、一括で置換する場合は「すべて置換 (A)」をクリック。

3.3.2　特殊文字の置換

　　段落記号やタブ記号などの特殊文字についても、置換の対象とすることができます。「特殊文字 (E)」ボタンは、デフォルトの状態ではグレーアウトしており、クリックすることができません。そのためまず、「あいまい検索」オプションのチェックをはずし、「特殊文字 (E)」ボタンをクリックできる状態にしておきます。

①「ホーム」タブをクリック。

②「編集」グループの「置換」をクリック。

③「検索」タブをクリック。

④「オプション (M)」をクリック。

⑤「あいまい検索（日）(J)」のチェックをはずす。

⑥「検索する文字列 (N)」フィールドをクリック。

⑦「特殊文字 (E)」をクリックして、置換対象の特殊文字を選択（または通常の文字列を入力）。

　たとえば、PDF ファイルからコピーして貼り付けた Word 文書などの場合、「任意指定の行区切り」と呼ばれる特殊文字が、各行に挿入されてしまうことがあります。この特殊文字を一括して削除するには、「検索する文字列 (N)」フィールドに「任意指定の行区切り」を選択し、「置換後の文字列 (I)」フィールドは空欄のままにして、「すべて置換 (A)」をクリックします。

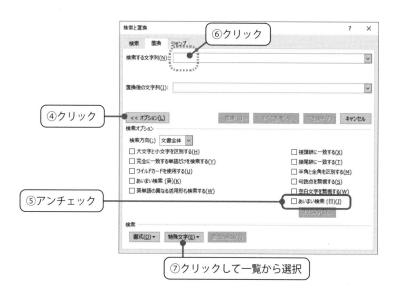

3.3.3　全角英数字を半角に変換

　全角英数字の置換は、検索機能と文字種の変換機能を組み合わせて行うことができます。まず検索機能を使い、文書中の半角英数字の部分がすべて選択された状態にし、「文字種の変換」で半角に変換します。

①「ホーム」タブをクリック。

②「編集」グループの「置換」をクリック。

③「検索」タブをクリック。

④「オプション (M)」をクリック。

⑤「ワイルドカードを使用する (U)」をチェック。

⑥「検索する文字列 (N)」フィールドに、「[ａ-ｚＡ-Ｚ０-９]」を入力。（前後の角
括弧とハイフンは半角、その他は全角）

⑦「検索先 (I)」をクリックし、「メイン文書 (M)」をクリック。

ここまでの操作で、文書中のすべての全角英数字が選択された状態になりますので、
検索ダイアログを閉じます。以降の操作で、この選択箇所をすべて半角に変換します。

①「ホーム」タブをクリック。

② フォントグループの Aa▾ をクリック。

③「半角 (W)」をクリック。

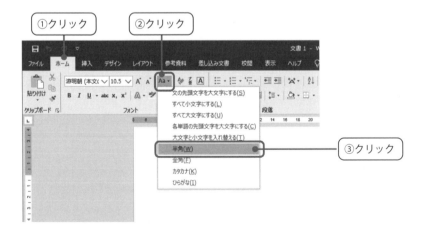

3.4 文字カウント

文字数は左下のステータスバーに表示されています。

文字カウント機能を使えば、より詳細な情報を得ることができます。

① 「校閲」タブをクリック。
② 「文章校正」グループの「文字カウント」をクリック。

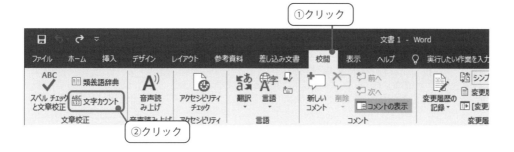

文字カウント結果

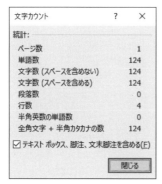

3.5　句読点の設定

　書面によっては、公用文の書式に則り、句点を「。」に、読点を「,」にすることが望ましいとされるものが存在します。デフォルトでは、読点は「、」で表示されますが、これをその都度「,」に変換するのはわずらわしいものですし、数が多くなると変換忘れなどのミスも起こりかねません。Word 自体の機能ではありませんが、IME のプロパティを変更すれば、デフォルトの句読点の種類を設定することができます。

　　① IME の「プロパティ (R)」を開く。

（お使いの OS 等により表示は異なる場合があります。）

②「詳細設定 (A)」をクリック。
③「全般」タブをクリック。
④ 句読点から「, 。」を選択。
⑤「OK」をクリック。

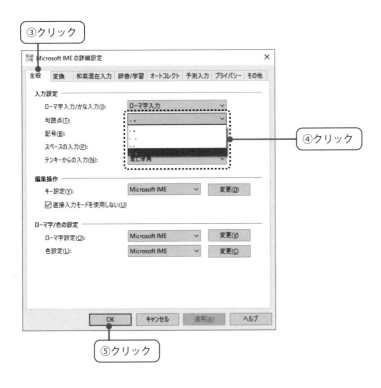

③クリック

④クリック

⑤クリック

法文書作成のための
文字の設定

　法文書では、文字に華美な装飾を付けることはほとんどあり
ませんが、上付き下付き文字や囲い文字を使用したり、編集過
程で一時的に文字列に蛍光ペン（ハイライト）を付けたりとい
った作業が発生することは珍しくありません。また、クライア
ントから送付されてくる書式付の文書を編集する場合に備え、
文字書式の設定について、一通りの操作方法を知っておくこと
も必要です。本章では、基本的な文字設定の方法と、法文書で
よく利用する文字設定の方法を中心に解説します。

4.1　フォントの選択

　フォントの種類は数多く存在しますが、和文フォントの場合は明朝やゴシック、欧文フォントの場合は Times New Roman や Arial を選択することが多いのではないでしょうか。すべてのフォントは、Serif（うろこ）が存在するものとしないものの 2 つに大別することができます。全角文字は和文フォント、半角英数字は欧文フォントを使用する場合、Serif の有無を統一しないと、印刷した際の見栄えに影響します。法文書の場合、「MS 明朝」または「MS P 明朝」と「Times New Roman」の組み合わせが多いようです。

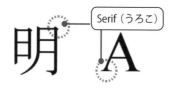

　和文フォントで Serif の付いている代表的なフォントとしては、MS 明朝と MS P 明朝があげられるでしょう。欧文フォントでは、Times New Roman をあげることができます。MS P 明朝のように、フォント名に「P」が付けられているフォントは、プロポーショナルフォントと呼ばれ、文字ごとに文字幅が変わるタイプのフォントであることを意味しています。

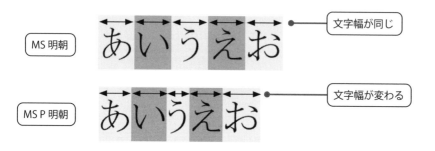

　内容証明のように、一行の文字数が規定されている文書の場合は等幅フォントを使用し、通常の文書の場合はプロポーショナルフォントを使用するなどの使い分けも可能です。

POINT

ミニツールバーを利用して、フォントを変更することもできます。

POINT

文書全体のフォントを、全角文字は MS P 明朝、半角英数字は Times New Roman に一括変更したい場合、まず文書全体を選択して、フォントを MS P 明朝に変更します。さらにそのまま全文が選択されている状態で、フォントを Times New Roman に変更すると、半角英数字のみ Times New Roman に変更されます。

POINT

Word 2016 から、デフォルトのフォントが新たに「游明朝」（プロポーショナルフォント）となりました。使い慣れた「MS 明朝」や「MS P 明朝」をデフォルトとして使用したい場合、第 2 章 2.4 の手順で変更可能です。

4.2　文字の装飾

　法文書作成の過程では、一時的に取り消し線や蛍光ペン（ハイライト）のような文字の装飾が付けられることがあります。たとえば、クライアントや同僚、上司などの共同作業者からのコメントとして、蛍光ペン（ハイライト）の付けられた文字が文書に挿入されてくることがあります。自分では普段使わない文字の装飾でも、その付け方、削除の仕方について、ひととおり操作方法を知っておくのが望ましいといえます。

　文字の装飾は、文字列を選択後、「ホーム」タブ→「フォント」グループの各ボタンから、以下のような装飾を付けることができます。

B 　：太字にする。

I 　：斜字体にする。

U ▾ 　：下線を付ける。

abc 　：一重取り消し線を付ける。

x² 　：下付き文字にする。

x₂ 　：上付き文字にする。

A 　：影などのエフェクトを付ける。

aᵇ 　：ハイライト（蛍光ペンによるマーク）を付ける。

A 　：文字の色を変える。

POINT

いくつかの装飾は、ミニツールバーから付けることもできます。

文字の装飾を削除するには、装飾されている文字列を選択し、削除したい装飾ボタンをクリックします。装飾ボタンのない二重取り消し線は 4.4 のフォントダイアログから削除することになりますが、二重取り消し線が付けられている箇所を選択し、取り消し線ボタンを 2 度クリックでも削除できます。1 度目のクリックで、二重取り消し線を一重取り消し線で上書きし、2 度目のクリックで、さらに上書きされた一重取り消し線を削除するという操作になります。

POINT

第 12 章で登場する変更履歴の結果によって付けられている文字の装飾は、本節の方法で削除・変更することはできません。詳しくは第 12 章を参照してください。（この意味で、取り消し線を使うこと自体、変更履歴の取り消し線と混同しやすいため、おすすめできません。）

POINT

ハイライトがついているように見えるのにハイライトボタンから消すことができない場合、「塗りつぶし」または「網かけ」が設定されている可能性があります。
「塗りつぶし」は、「ホーム」タブ→段落グループの ＊ ボタンの右にある▼をクリックして色を変更（または色なし）にすることができます。
「網かけ」は、以下の方法で色を変更（または色なし）にすることができます。

① 「ホーム」タブ→段落グループの ＊ の右にある▼をクリック。
② 一覧から「線種とページ罫線と網かけの設定」をクリック。
③ 「線種とページ罫線と網かけの設定」ダイアログが開く。
④ 「網かけ」タブをクリックし、「背景の色」や「網かけ」を変更。
⑤ 「OK」をクリック。

4.3 均等割り付け

　　文書中に簡単なリストを作成したい場合、スペースを使って文字の間隔を調整すると、フォントによっては文字の配置がずれてしまい、全体のレイアウトが不統一になります。このような場合、均等割り付けを使うことで、文字列を指定した文字数分の幅に詰め込んだり、引き延ばしたりすることができます。以下の例のように、文書中のリスト見出しなど、項目ごとの幅を揃えたい場合に便利です。

　4文字に割り付けられている

① 均等割り付けを行う文字列を選択。
②「ホーム」タブをクリック。
③「段落」グループの A をクリック。
④「文字の均等割り付け (I)」をクリック。

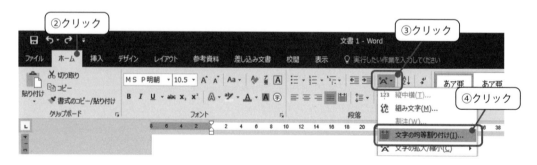

②クリック　③クリック　④クリック

⑤　　　「新しい文字列の幅 (T)」に割り付け後の文字列の幅を指定。
⑥　　　「OK」をクリック。

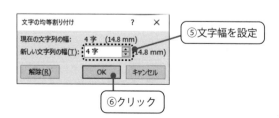

⑤文字幅を設定

⑥クリック

4.4　「フォント」ダイアログ

　「フォント」ダイアログを利用すれば、本章で解説されている各設定をまとめて実行することができます。また、第7章で登場するスタイルを設定する際には、この「フォント」ダイアログを利用してフォント設定を行うことになりますので、一通りの操作を知っておきましょう。

①　　　フォントを変更する文字列を選択。

②　　　「ホーム」タブをクリック。

③　　　「フォント」グループの右下の 🖪 をクリック。

④　　　「フォント」ダイアログが開く。

⑤　　　フォントを設定。（各設定については下図を参照）。

⑥　　　「OK」をクリック。

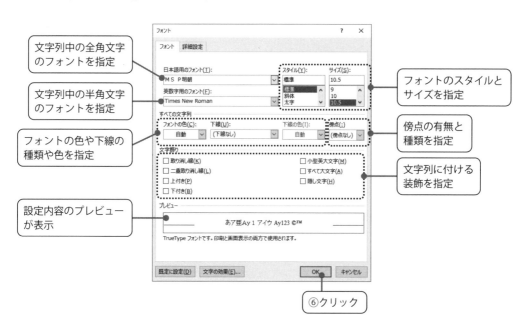

4.5　文字幅と文字間隔の設定

文字と文字の間隔が詰まりすぎて見づらい場合には、以下の手順で文字幅や文字間隔を調整することができます。

①「ホーム」タブをクリック。
②「フォント」グループの右下の ⌐ をクリック。
③「フォント」ダイアログが開く。
④「詳細設定」タブをクリック。
⑤ 文字幅の調整は「倍率 (C)」の値を、文字と文字の間隔は「文字間隔 (S)」の値を
　 それぞれ指定します。
⑥「OK」をクリック。

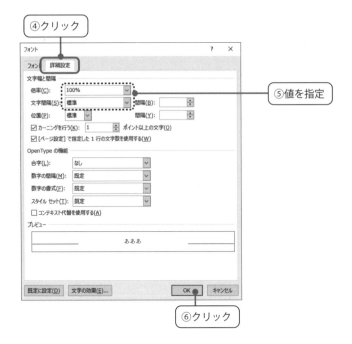

5

法文書作成に必要な
文書の設定

　法文書によっては、公用文の書式に従い、用紙のサイズや向き、余白の大きさ、行数や字数などが指定されることがあります。書式設定については、どのような操作を行えば意図する書式を実現できるか理解しておくようにしましょう。

　また、複数のユーザーが共同で文書を作成し、加筆訂正を重ねて最終版に至る場合、当初から適切な文書設定を行っていないと、編集の過程で徐々に文書のレイアウトが崩れていってしまうことになります。結果として、書式の訂正作業を何度も行わなければならず、効率的な作業の妨げとなってしまいます。本章では、法文書作成の上で直面することになる文書全体、特にレイアウトに関する問題と、それを解決するための設定方法について解説します。

5.1 ページ設定

　法文書の書式について、日弁連のサイト[1] では、A 判横書、片面印刷、1 行 37 文字、1 ページ 26 行、左余白 30mm、上余白 35mm、フォント 12 ポイントなどが、原則として示されています。

　このような特定の書式に則った文書を作成するためには、ページ設定から各設定を行う必要があります。

　ページ設定は、「レイアウト」タブ→「ページ設定」グループから行います。

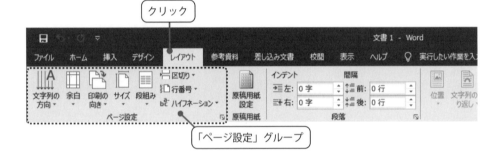

POINT

複数の設定を変更する場合、「レイアウト」タブ→「ページ設定」グループ右下の 🖿 をクリックして、「ページ設定」ダイアログから設定を行うのが便利です。

5.1.1　用紙のサイズの変更

①「レイアウト」タブをクリック。

②「ページ設定」グループの「サイズ」をクリック。

③ 用紙サイズを選択。

　特殊な用紙サイズの場合、「その他の用紙サイズ (A)」を選択すると、「ページ設定」ダイアログの「用紙」タブが開きます。この画面から、幅と高さを指定してください。

※1 「役立つ書式など」https://www.nichibenren.or.jp/legal_advice/oyakudachi/format.html

5.1.2 用紙の向きの変更

① 　「レイアウト」タブをクリック。

② 　「ページ設定」グループの「印刷の向き」をクリック。

③ 　印刷の向きを選択。

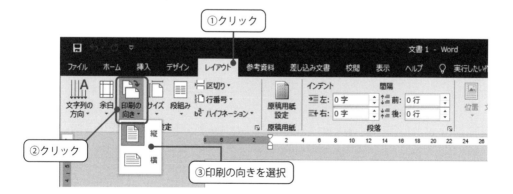

5.1.3　余白の変更

①「レイアウト」タブをクリック。

②「余白」をクリック。

③ 余白サイズを選択。

　　一覧以外の余白サイズを設定したい場合、一番下の「ユーザー設定の余白 (A)」をクリックすると、「ページ設定」ダイアログの「余白」タブが開きます。この画面から、余白サイズを指定してください。

①余白の値を指定

②クリック

5.2　インデント

　「第1－1－（1）」のような項目の細別を設定し、それぞれの項目について適当な左余白を挿入したい場合、スペースの連続挿入で余白を調整してしまうと、その後の編集過程でレイアウトが崩れる原因となります。また、フォントによっては行の開始位置が揃わず、文書の見栄えにも影響することになります。左余白の挿入には、スペースの連続挿入の代わりに、以下で説明するインデントを利用するようにしましょう。

5.2.1　ルーラーの表示

　インデントを使用するにあたり、まず、ルーラーを常に表示にしておくことをおすすめします。「表示」タブ→「表示」グループの「ルーラー」をチェックすると、リボンの下にルーラーが表示されます。

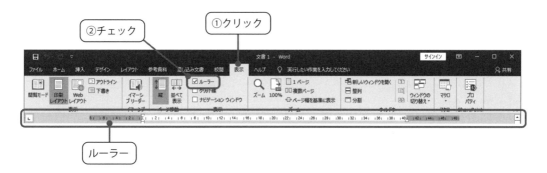

5.2.2　各インデント記号の役割

　ルーラーが表示されている状態では、ルーラー上に砂時計のようなマーク が表示されます。また、右端には三角形のマーク が表示されます。これらをインデント記号と呼びます。

　インデント記号は、ルーラー上でドラッグして移動することができます。インデントは段落ごとに設定されていますが、複数の段落を選択して同時に同じインデントを設定することもできます。

インデント記号は 3 つの部分に分けて操作することができます。

▽　　字下げインデント：段落の 1 行目の開始位置

△　　ぶら下げインデント：段落の 2 行目以降の開始位置

□　　左インデント：上の 2 つのインデントの間隔を維持しながら同時に移動

インデント設定の例

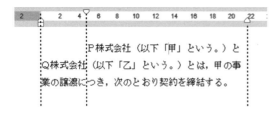

5.2.3　「段落」ダイアログから設定

インデントの微調整は、Alt キーを押しながら、インデント記号をドラッグして行うことができます。

ただし、微妙なマウスの操作が必要になるため、マウスでおおよその位置を指定した後に、直接値を入力してインデントの位置を指定した方がよいかもしれません。

① 間隔を設定したい段落を選択。

②「ホーム」タブをクリック。

③「段落」グループ右下の 🖿 をクリック。

④「段落」ダイアログが開く。

⑤「インデントと行間隔」タブをクリック。

⑥ それぞれのインデントの値を入力。（値の指定は 🖾 でも調整することができます。「mm」や「字」などの単位を一緒に入力してもかまいません。）

⑦「OK」をクリック。

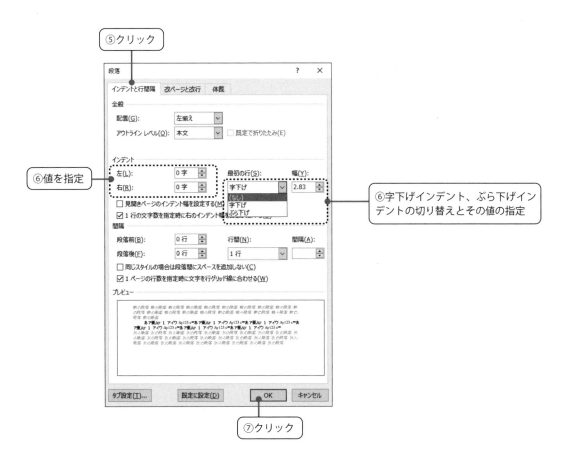

⑤クリック

⑥値を指定

⑥字下げインデント、ぶら下げインデントの切り替えとその値の指定

⑦クリック

5.3　段落と段落の間隔、段落内の行間

　　段落と段落の間隔を広くしたい場合、改行の連続挿入によってレイアウトを調整することは、その後の編集過程でレイアウトが崩れる原因となります。段落の設定により、段落前後の間隔や段落内の行間を設定してください。

① 間隔を設定したい段落を選択。
②「ホーム」タブをクリック。
③「段落」グループ右下の ⬚ をクリック。
④「段落」ダイアログが開く。
⑤「インデントと行間隔」タブをクリック。
⑥ 間隔の値を設定。

- **段落前 (B)**

　段落の前の間隔を指定します。

- **段落後 (F)**

　段落の後の間隔を指定します。

- **行間 (N)**

　段落内の行間を指定します。ポイントで大きさを指定したい場合は固定値を選択し、右の間隔欄に値を入力します。

段落前

段落前の間隔が 12pt、段落後の間隔が 24pt、行間が固定値の 6pt の場合の行間隔設定例

行間

段落後

⑦ 設定が完了したら「OK」をクリック。

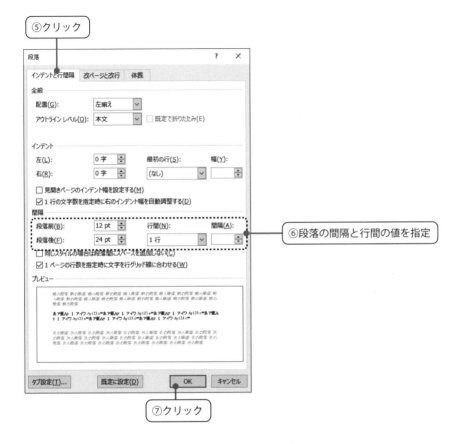

⑤クリック

⑥段落の間隔と行間の値を指定

⑦クリック

5.4　タブ

文字列と文字列の間隔を揃えたい場合、たとえば訴状の、

原告訴訟代理人弁護士		甲　山　甲　太　郎
原　　　　　　告		乙　山　乙　太　郎
被　　　　　　告		丙　山　丙　太　郎

のように、タイトルと氏名の間隔を揃える場合、インデントと同様、スペースの連続挿入を使用することは、その後の編集過程でレイアウトが崩れる原因となります。このような場合、タブの設定を行ってレイアウトを整えましょう。タブの設定を行うことで、Tab キーによって挿入されたタブを、左揃え、右揃え、中央揃え、または小数点の位置で揃えることができます。また、タブリーダーによって、文字列と文字列を点線などでつなぐことができます。

5.4.1　タブの設定

5.4.1.1　タブ記号の種類

● **L**：左揃えタブ
タブ位置が文字列の開始位置になります。

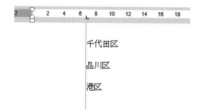

- ⊥：中央揃えタブ

  タブ位置が文字列の中央になります。

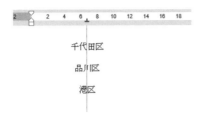

- ⌐：右揃えタブ

  タブ位置が文字列の終了位置になります。

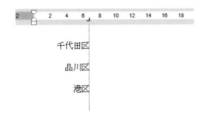

- ⊥：小数点揃えタブ

  半角数字の場合のみ有効です。タブ位置が小数点の位置になります。

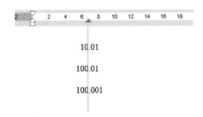

- ▎：縦棒タブ

  タブの位置に縦棒を表示します。

5.4.1.2　タブ記号の切り替え、配置、移動、削除

　　ルーラーの左端に表示されているタブ記号をクリックすると、挿入したいタブの種類を変更することができます。さらに、ルーラー上でクリックすると、クリックした位置にタブ記号が挿入されます。

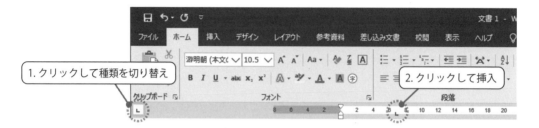

　　一度配置したタブ記号の位置を変更したい場合、ルーラー上でタブ記号をドラッグして移動します。

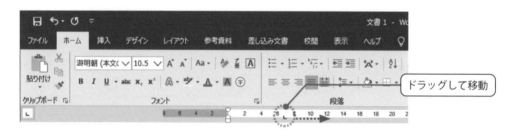

　　タブ記号を削除したい場合、ルーラー上のタブ記号をルーラーの外にドラッグして削除します。

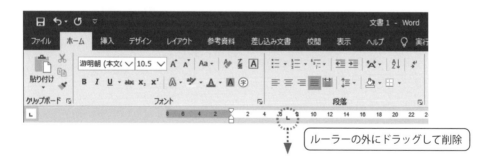

POINT

あらかじめ複数の段落を選択した上でタブ設定を行うと、選択した複数の段落に対し同じタブ設定を行うことができます。

5.4.2 タブリーダーとタブの詳細設定

　タブリーダーを設定する場合や、タブの詳細設定を行いたい場合、「タブとリーダー」ダイアログから設定することができます。「タブとリーダー」ダイアログで行った設定は、ルーラー上にも反映されます。

　タブリーダーを設定すると、タブに点線などを付けることができ、文字列と文字列を線で結ぶことができます。

5.4.2.1　タブリーダーの設定例

千代田区 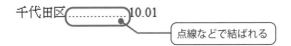 10.01

点線などで結ばれる

① タブの詳細設定を行う段落を選択。
②「ホーム」タブをクリック。
③「段落」グループ右下の 🔽 をクリック。
④「段落」ダイアログが開く。
⑤ 左下の「タブ設定 (T)」をクリック。
⑥「タブとリーダー」ダイアログが開く。
⑦ タブを設定。（各設定については下図を参照）。
⑧「設定 (S)」をクリックして変更を反映。
⑨ 設定が完了したら「OK」をクリック。

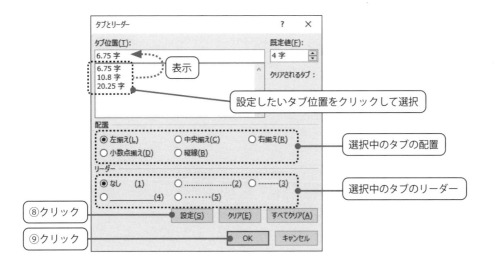

5.4.2.2　タブの削除

① 前項の方法で「タブとリーダー」ダイアログを開く。

② 削除するタブの位置を選択。

③「クリア (E)」ボタンをクリック（他のすべてのタブも削除したい場合は「すべてクリア (A)」をクリック）。

④「OK」をクリック。

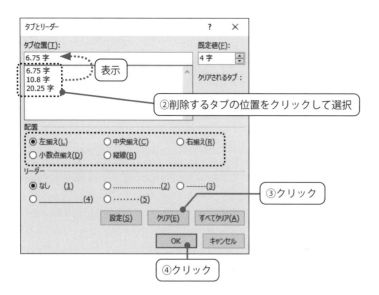

5.5　改ページとセクション区切り

　改ページを挿入することで、文書中の任意の位置で、強制的にページを区切ることができます。また、セクション区切りを使って文書を複数のセクションに分割すると、セクションごとに独自のページ設定を行えるようになります。

5.5.1　改ページマーク、セクション区切りマークの表示

　改ページマークとセクション区切りマークが表示されない場合には、「ホーム」タブ →「段落」グループの 📝 をクリックすることで表示されるようになります。

5.5.2　改ページの挿入

① ページを区切る位置にカーソルを移動。

②「レイアウト」タブをクリック。

③「ページ設定」グループの「区切り」をクリック。

④ 一覧から「改ページ (P)」をクリック。

5.5.3　改ページの削除

表示されている改ページマークの前にカーソルを移動し、Delete キーで削除します。

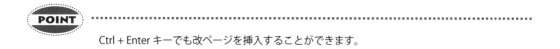

POINT

Ctrl + Enter キーでも改ページを挿入することができます。

5.5.4　セクション区切りの挿入

① セクションを区切る位置にカーソルを移動。

②「レイアウト」タブをクリック。

③「ページ設定」グループの「区切り」をクリック。

④「現在の位置から開始 (O)」をクリック。（セクション区切りと同時に改ページした
い場合は「次のページから開始（N）」をクリック。）

5.5.5　セクション区切りの削除

　　表示されているセクション区切りマークの前にカーソルを移動し、Delete キーで削除します。

─────────────セクション区切り (現在の位置から新しいセクション)─────────────

〔1. カーソルを移動〕　〔2. Delete キー〕

　　ただし、セクション区切りを削除すると、書式の設定は削除されたセクション区切りの直後のセクションのものが反映されてしまいます。

　　これを避けたい場合、セクション区切りを単純に Delete キーで削除するのではなく、削除したいセクションに設定されている書式設定ごと丸々削除する必要があります。

　　具体的には、削除したいセクションのセクション区切りから、そのセクションに存在する最後の段落記号までを丸々選択した上で、Delete キーで削除します。

　　書式設定は、そのセクションに存在する最後の段落記号が保持していると考えるとわかりやすいかもしれません。その段落記号に設定されている書式設定ごと、セクションを削除するということになります。

5.6　段組み

5.6.1　段組みの詳細設定

　　段組みを利用すれば、文書の見やすさが向上したり、文章の配置を効率的に行ったりすることができるようになります。

5.6.1.1　段組みの適用

　① 段組みを適用したい範囲を選択。
　②「レイアウト」タブをクリック。
　③「ページ設定」グループの「段組み」をクリック。
　④ 段組みの候補一覧が表示される。
　⑤ 段数を選択。

5.6.1.2 段組みの詳細設定

段の幅や段の間隔などの詳細設定をする場合、「段組みの詳細設定 (C)」をクリックして、「段組み」ダイアログを開きます。

① 段組みを適用したい範囲を選択。
②「レイアウト」タブをクリック。
③「ページ設定」グループの「段組み」クリック。
④ 段組みの候補一覧が表示される。
⑤「段組みの詳細設定 (C)」をクリック。
⑥「段組み」ダイアログが開く。
⑦ 段組みを設定。（各設定については下図を参照）。
⑧ 設定が完了したら「OK」をクリック。

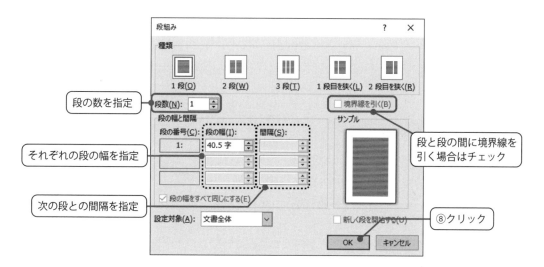

5.6.1.3 段区切り

段落中の中途半端な位置で段が変わってしまう場合、段区切りを挿入することで、強制的に指定した位置から次の段に変えることができます。

① 段を変えたい位置にカーソルを移動。
②「レイアウト」タブをクリック。
③ ページ設定グループの「区切り」をクリック。
④「段区切り (C)」をクリック。

5.7 脚注

　用語の定義や解説、補足説明などを、ページ下部に脚注として表示したい場合があります。この場合、手作業で脚注を挿入するよりも、Word の脚注機能を利用するのが便利です。文書中の任意の位置に、ワンクリックで脚注番号を挿入することができ、対応する脚注説明文の入力欄が、ページ下部に自動的に設けられます。編集の過程で、脚注番号の付けられた箇所が別ページに移動しても、自動的に脚注説明文の位置も移動します。また、脚注番号は自動的に通し番号が付けられます。

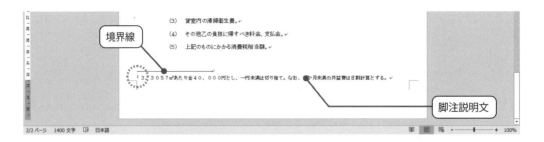

5.7.1　脚注の挿入

① 脚注番号を挿入したい位置にカーソルを移動。
②「参考資料」タブをクリック。
③「脚注」グループの「脚注の挿入」をクリック。

　クリックした位置に脚注番号が挿入され、カーソルがページ下部の脚注説明文欄に移動します。

POINT

脚注番号にマウスを重ねると、脚注説明文の内容がポップアップします。

5.7.2 脚注の設定

5.7.2.1 脚注番号の設定

「脚注と文末脚注」ダイアログから、より詳細な設定をすることができます。

① 脚注番号を挿入したい位置にカーソルを移動。
②「参考資料」タブをクリック。
③「脚注」グループ右下の ⌐ をクリック。
④「脚注と文末脚注」ダイアログが開く。
⑤ 脚注を設定。（各設定については下図を参照。）
⑥ 設定が完了したら「挿入 (I)」をクリック。

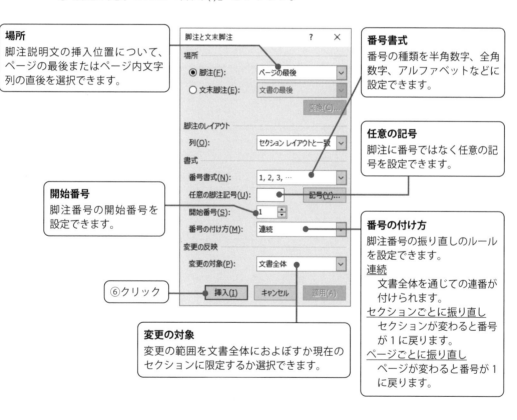

場所
脚注説明文の挿入位置について、ページの最後またはページ内文字列の直後を選択できます。

番号書式
番号の種類を半角数字、全角数字、アルファベットなどに設定できます。

任意の記号
脚注に番号ではなく任意の記号を設定できます。

開始番号
脚注番号の開始番号を設定できます。

⑥クリック

番号の付け方
脚注番号の振り直しのルールを設定できます。
<u>連続</u>
　文書全体を通じての連番が付けられます。
<u>セクションごとに振り直し</u>
　セクションが変わると番号が1に戻ります。
<u>ページごとに振り直し</u>
　ページが変わると番号が1に戻ります。

変更の対象
変更の範囲を文書全体におよぼすか現在のセクションに限定するか選択できます。

脚注の挿入場所で、一見して違いがなさそうに見える「ページの最後」と「ページ内文字列の最後」の２つですが、以下のような違いがあります。

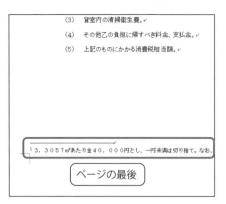

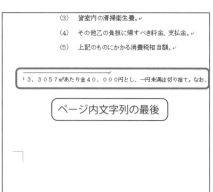

「ページの最後」は、最終ページなどページの下に空白があっても、ページの下部に表示されます。一方で、「ページ内文字列の最後」は、空白がある場合は上に繰り上がって表示されます。

5.7.2.2　文末脚注

　脚注を、ページごとにではなく、文書全体またはセクションの最後にまとめて挿入することも可能です。

① 文末脚注番号を挿入したい位置にカーソルを移動。
②「参考資料」タブをクリック。
③「脚注」グループの「文末脚注の挿入」をクリック。

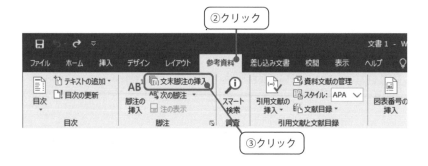

　詳細な設定が必要な場合、「参考資料」タブ→「脚注」グループ右下の ⌐ をクリックして「脚注と文末脚注」ダイアログを開きます。「脚注と文末脚注」ダイアログ内の各設定については前項を参照してください。

5.7.3　脚注番号の挿入位置がわからなくなった場合

　脚注番号は、上付き文字のような小さな文字で表示されるため、挿入位置が見つけづらいことがあります。この場合、「参考資料」タブ→「脚注」グループの「次の脚注」をクリックすると、現在のカーソル位置をスタートに、脚注の位置をカーソルが移動していきます。

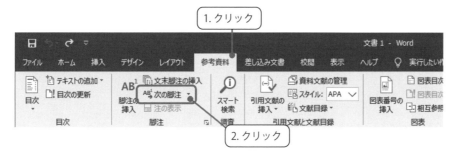

　文末脚注の場合、「次の脚注」の右にある▼をクリックして、「次の文末脚注 (X)」をクリックすれば、移動することができます。

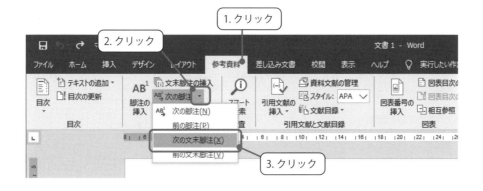

5.7.4　脚注の削除

本文中の脚注番号の直前にカーソルを移動し、Delete キーを 2 度押すことで、削除することができます。対応する脚注説明文も一緒に削除されます。

第4条　　賃料は次のとおりとし、乙は毎月20日までに翌月分の賃料を、甲が指定する銀行口座に振込む方法により支払うものとする。なお、振込み手数料は乙の負担とする。

月額金１，０００，０００円也（消費税別途） ①

1. カーソルを移動　　　2. Delete キーを 2 度押す

5.7.5　本文と脚注説明文の境界線を削除したい

脚注説明文と本文との境界線や、脚注説明文に余計な記号が入ってしまった場合、通常の方法では削除することができません。以下の方法で削除してください。

①「表示」タブをクリック。
②「文書の表示」グループの「下書き」をクリック。
③ 文書の表示モードが「下書き」モードになります。
④「参考資料」タブをクリック。
⑤ 脚注グループの「注の表示」をクリック。
⑥ 画面下に「脚注」ウィンドウが開く。
⑦「脚注」ウィンドウから「脚注の境界線」を選択。

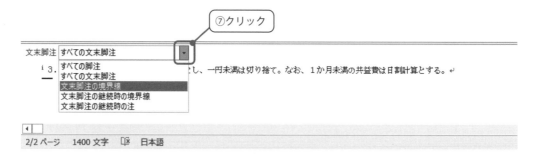

⑦クリック

文末脚注 すべての文末脚注
すべての脚注
すべての文末脚注
文末脚注の境界線
文末脚注の継続時の境界線
文末脚注の継続時の注

し、一円未満は切り捨て。なお、1か月未満の共益費は日割計算とする。

2/2 ページ　　1400 文字　　日本語

⑧ 境界線の前にカーソルを移動し Delete キーを2度押す。

⑨「表示」タブをクリック。
⑩「文書の表示」グループの「印刷レイアウト」をクリックして表示を元に戻す。

5.8 透かし

最終版ではない編集中の文書をクライアントなどに送付する際に、文書の背景に「Draft」などの透かしを挿入することで、最終版ではないことを明示したい場合があります。また、他者から同様の透かしの入った文書を受け取ることもあります。他者から受け取る文書は、必ずしも以下で解説する透かし機能を利用しているとは限らないので、削除したい場合などに戸惑うことのないよう、あらかじめ考えられる他の透かしの挿入手段も知っておきましょう。

5.8.1 透かしの挿入

文書の背景に「所内秘」や「Draft」などの文字を透かしで表示したい場合、以下の方法で透かしを挿入します。

①「デザイン」タブをクリック。
②「ページの背景」グループの「透かし」をクリック。
③「ユーザー設定の透かし (W)」をクリック。
④「透かし」ダイアログが開く。

⑤「テキスト (X)」をクリック。

⑥「テキスト (T)」フィールドに任意の文字列を入力。（フォントの種類やフォントサイズ、配置なども設定することができます）。

⑦ 設定が完了したら「OK」をクリック。

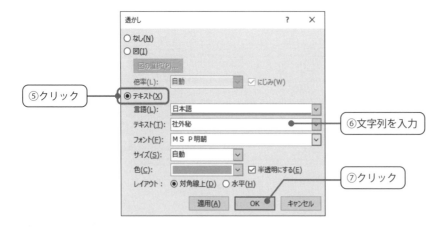

5.8.2　透かしの削除

①「デザイン」タブをクリック。

②「ページの背景」グループの「透かし」をクリック。

③「透かしの削除 (R)」をクリック。

5.8.3　透かし機能を使わない透かし

　透かしは、透かし機能から設定するのが一般的ですが、他者が作成した文書では、透かし機能を使わずに透かし状のものが挿入されている場合があります。たとえば、ヘッダー / フッター欄から、ワードアートを使って透かしを挿入している場合などがこれにあたります。このような場合、前項の「透かしの削除」を使っても、削除することはできません。ヘッダー / フッターの編集画面を開き、透かし部分を選択して、Delete キーなどで削除する必要があります。

5.9　英文のハイフネーション

　英文の文書を作成する場合、デフォルトでは適当な単語の区切りで行が改行されるように設定されています。しかし、このような単語単位の改行の設定は、場合によっては、文書が間延びしたような印象を与えてしまうことがあります。これについては好みの問題もありますが、単語をハイフンで区切るように設定することで、単語間の間隔を統一することもできます。

ハイフネーションなし

> Recall.　In the event of a recall of Product by Seller, which Seller may initiate at its discretion, Distributor must comply with return instructions provided by the Seller to return the Product, including but not limited to providing lot, serial and Product code number logs traceable by specific End-Customer, in a timely manner.　Seller shall replace all Product returned during the specified recall period at no cost to the Distributor, at Seller's cost, expense and responsibility.

間延びしたように見えることも

ハイフネーションあり

> Recall.　In the event of a recall of Product by Seller, which Seller may initiate at its discretion, Distributor must comply with return instructions provided by the Seller to return the Product, including but not limited to providing lot, serial and Product code number logs traceable by specific End-Customer, in a timely manner.　Seller shall replace all Product returned during the specified recall period at no cost to the Distributor, at Seller's cost, expense and responsibility.

単語がハイフンで区切られた

5.9.1　ハイフネーションを有効にする

①「レイアウト」タブをクリック。

②「ページ設定」グループの「ハイフネーション」をクリック。

③ 一覧から「自動 (U)」を選択。

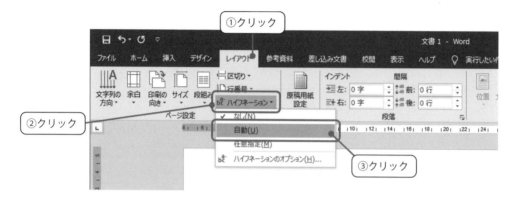

5.9.2　ハイフネーションの詳細設定

　　ハイフネーションを「自動」に設定した結果、ハイフンの数が多くなり逆に読みづらくなってしまった場合や、特定の単語のハイフンが不自然な位置に挿入されてしまった場合などは、「ハイフネーション」ダイアログから詳細設定を行って変更することができます。

①　　　「レイアウト」タブをクリック。

②　　　「ページ設定」グループの「ハイフネーション」をクリック。

③　　　「ハイフネーションのオプション (H)」を選択。

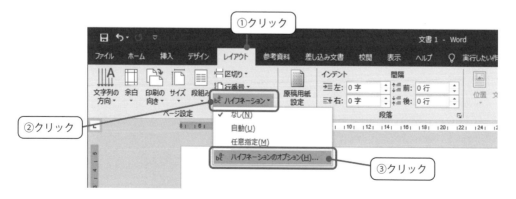

④「ハイフネーション」ダイアログが開く。

⑤ ハイフネーションの設定（各設定については下図を参照）。

⑥ 設定が完了したら「OK」をクリック。

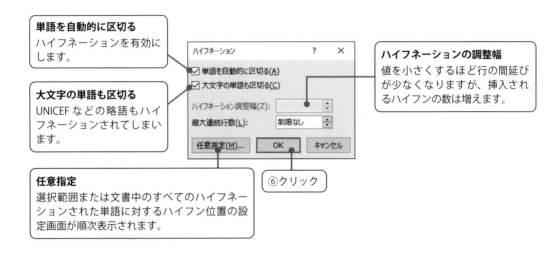

単語を自動的に区切る
ハイフネーションを有効に
します。

大文字の単語も区切る
UNICEF などの略語もハイ
フネーションされてしまい
ます。

ハイフネーションの調整幅
値を小さくするほど行の間延び
が少なくなりますが、挿入され
るハイフンの数は増えます。

任意指定
選択範囲または文書中のすべてのハイフネー
ションされた単語に対するハイフン位置の設
定画面が順次表示されます。

⑥クリック

POINT

任意指定でハイフン位置を設定しても、その後に文書の追加や削除が発生すると、ハイフンが別
の単語に付いてしまうことになります。この場合、再度ハイフン位置を設定する必要があります。

5.10　内容証明作成のための文書設定

　　内容証明は、法律事務所ではよく取り扱われる文書の一つですので、各事務所それぞ
れ何かしら内容証明のテンプレートを持っていることが多いでしょう。ここでは念のた
め、Word の機能を使っての内容証明作成の際の書式設定について解説していきます。

5.10.1　行数・文字数の設定

　　ページ設定を使って、行数や文字数を設定します。

　①「レイアウト」タブをクリック。
　②「ページ設定」グループ右下の ⬚ をクリック。
　③「ページ設定」ダイアログが開く。
　④「文字数と行数」タブを選択。
　⑤「文字数と行数を指定する (H)」をクリック。
　⑥ 文字数 (E) を 20、行数 (R) を 26 に指定。
　⑦ 設定が完了したら「OK」をクリック。

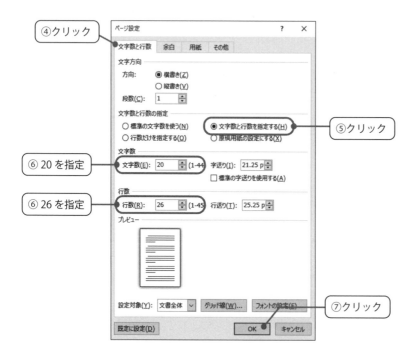

5.10.2　段落ダイアログの設定

① 文書全体を選択。

②「ホーム」タブをクリック。

③「段落」グループ右下の ▣ をクリック。

④「段落」ダイアログが開く。

⑤「改ページと改行タブ」を選択。

⑥「改ページ位置の自動修正」内のすべてのチェックをはずす。

⑦「体裁」タブをクリック。

⑧「改行時の処理」内のすべてのチェックをはずす。

⑨「OK」をクリック。

箇条書き・段落番号、アウトラインの設定

　法文書の書式は、必ずしも公用文の書式に則る必要はないとはいえ、実際には、この形式を尊重する弁護士は多く存在しています。公用文の書式についての知識と、Word における設定の方法を理解しておくことで、他のユーザーとの共同作業をよりスムーズに進めることができるようになります。公用文の書式については多くの書籍が出版されていますので、そちらを参照されるとよいでしょう。本章では、特に、箇条書き、段落番号、アウトラインの設定を行うことで、公用文の項目の細別を実現することを目指します。

6.1 箇条書き、段落番号の作成

　　分量の少ない文書や、形式の拘束が少ない文書で、簡単なリストを作成する場合、箇条書きや段落番号を使うのが便利です。箇条書きや段落番号は、次節以降のアウトライン作成の基礎となりますので、段落番号の種類の変更、表示位置の調整、行間の調整の方法などについて知っておきましょう。

6.1.1 箇条書きの挿入と設定

6.1.1.1 箇条書きの挿入

　　「ホーム」タブ→「段落」グループの ≔▾ をクリックして挿入します。

- 項目1↵
- 項目2↵
- ↵　　　　Backspace キーで削除可能

　　すでに存在している文字列に箇条書きを適用したい場合、適用したい範囲を選択して ≔▾ をクリックします。

- 項目1↵
- 項目2↵　　　≔▾ をクリック
- 項目3↵

6.1.1.2 行頭文字の設定

　行頭文字の種類は、≡▾ の右にある▼をクリックし、表示される一覧から選択することができます。一覧以外のものを選択したい場合、一番下の「新しい行頭文字の定義 (D)」をクリックして、「新しい行頭文字の定義」ダイアログを開きます。

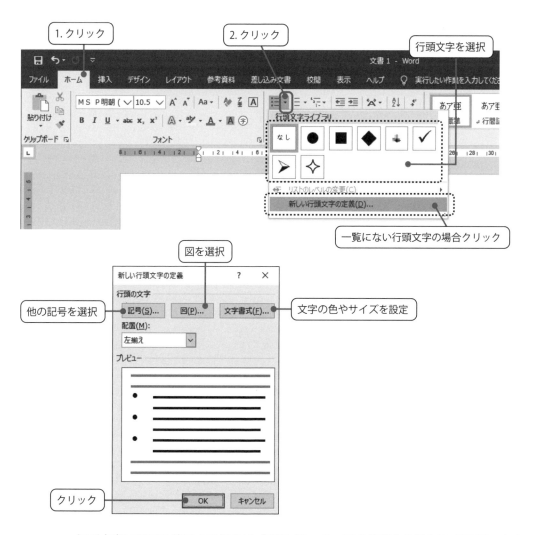

　行頭文字に記号を使用する場合は「記号 (S)」を、図を使用する場合は「図 (P)」をクリックします。記号を指定した場合の色やサイズは、「文字書式 (F)」から設定することができます。設定が完了したら、「OK」をクリックしてダイアログを閉じます。

6.1.2　段落番号の挿入と設定

6.1.2.1　段落番号の挿入

　「ホーム」タブ→「段落」グループの ≡・ をクリックして挿入します。その他の操作は箇条書きと同様になります。

6.1.2.2　段落番号の設定

　段落番号の書式は、≡・ の右にある▼をクリックし、表示される一覧から選択することができます。一覧以外の書式を選択したい場合、「新しい番号書式の定義 (D)」をクリックして、「新しい番号書式の定義」ダイアログを開きます。

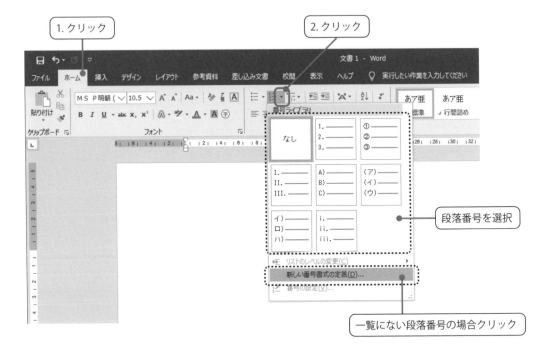

　「番号の種類 (N)」を変更し、「番号書式 (O)」フィールドのグレーでハイライトされた番号をはさんで「第」と「条」を入力すれば、第 1 条、第 2 条、・・・といった形式の段落番号を挿入することができます。必要に応じて、「フォント (F)」から段落番号のフォントを本文のフォントと合うように変更します。設定が完了したら、「OK」をクリックしてダイアログを閉じます。

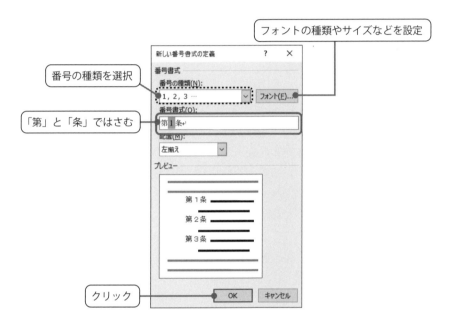

フォントの種類やサイズなどを設定

番号の種類を選択

「第」と「条」ではさむ

クリック

6.1.3　表示位置の変更

　箇条書きや段落番号の表示位置は、通常の段落と同様に、インデントの操作によって変更することができます。インデントの操作については、第 5 章 5.2 を参照してください。

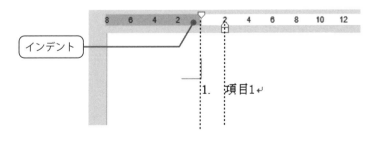

インデント

6.1.4　行間の調整

　箇条書きや段落番号の行間の調整は、「ホーム」タブ→「段落」グループの ⊞▾、または「段落」ダイアログから行うことができます。詳しくは、第5章5.3を参照してください。

6.2　アウトラインの作成

　法文書は、「第1−1−（1）−ア−（ア）−a−（a）」のように、公用文の項目の細別に則り作成されるものが多く存在します。これらを手作業で入力していくことは、その手間もさることながら、項目レベルのミス、半角全角の不統一、表示位置の不統一などを生じさせるおそれがあります。また、その後の編集の過程で、1項目の変更がその他の部分に影響をおよぼすことにもなるため、さまざまな面で不都合が生じることになります。このような場合、あらかじめ項目の細別に則ったアウトラインを作成しておくことで、文書作成を効率よく進めることができるようになります。次章で解説するスタイルと組み合わせれば、書式も含め、統一感のある文書を少ない手間で作成することができるようになります。他の文書で再利用することも可能なため、今後類似の形式の文書を作成する際に大幅な効率化を図ることができます。

6.2.1　アウトラインの挿入

　「ホーム」タブ→「段落」グループの ⊞▾ をクリックすると、リスト候補の一覧が表示されます。この一覧のなかから選択する場合、該当するリストをクリックします。一覧以外のものを使用したい場合、「新しいアウトラインの定義(D)」を選択して「新しいアウトラインの定義」ダイアログを開きます。

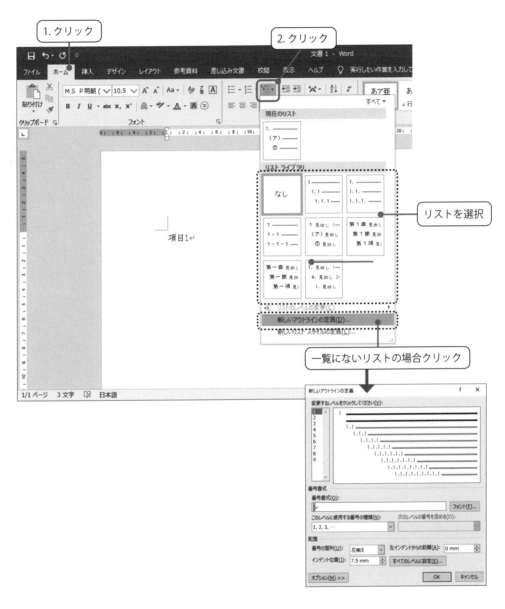

- 「変更するレベルをクリックしてください (V)」

  これから変更しようとするレベルの番号をクリックします。レベルはリストの上位から、レベル 1, 2, 3 …となっています。

  1.　レベル1↵
  　　a.　レベル2↵
  　　　i　レベル3↵

- 「番号書式 (O)」
  たとえば、グレーでハイライトされた番号をはさんで「第」と「条」とすれば、第 1 条、第 2 条、・・・という形式の段落番号を付けることができます。

- 「フォント (F) 」
  番号のフォントサイズや色などを設定することができます。

- 「このレベルに使用する番号の種類 (N)」
  半角数字、全角数字、アルファベットなどを選択することができます。

- 「次のレベルの番号を含める (D)」
  下位レベルの番号を表示する際に、上位レベルの番号も一緒に表示させることができます。表示させたくない場合、「番号書式 (O)」フィールドから、グレーでハイライトされた当該レベル番号を、Delete キーなどで削除してください。

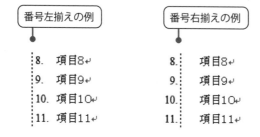

- 「番号の整列 (U)」

● 「オプション (M)」
　より詳細な設定を行うことができます。

レベルと対応付ける見出しスタイル
とアウトラインのレベルを対応付け
ることができます。

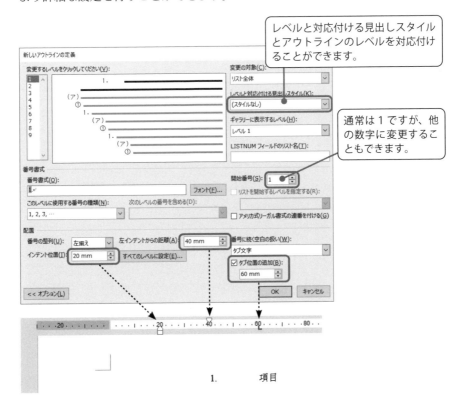

通常は 1 ですが、他
の数字に変更するこ
ともできます。

1.　　　　項目

デフォルトのルーラーの単位は文字単位ですが、上図のようにミリ単位に変更することもできます。詳しくは第 2 章 2.3.4 を参照してください。

たとえば条文のように、第 1 項の項番号を省略し、第 2 項から項番号を表示する場合、「開始番号 (S)」の値を 2 に変更します。

6.2.2　アウトラインの操作

6.2.2.1　リストレベルの変更

リストのレベルの上下は、「ホーム」タブ→「段落」グループの ⊞ ⊞ で行うことができます。また、段落番号に続く文字列の先頭にカーソルを移動し、Tab キーと Shift + Tab キーを使うことによっても上下することができます。

- ● 後から段落番号を付ける

  段落番号の付いていない段落に、段落番号を付けたい場合には、段落を選択後 ⊞▾ をクリックして、段落番号を付けることができます。さらに、リストレベルの変更操作によって、レベルを上下して調整します。

  段落番号が重複したり、逆に飛ばして表示されたりといった場合には、文章中の段落番号の上で右クリックし、表示されるメニューから、「自動的に番号を振る (C)」をクリックして修正します。

法文書作成のための
スタイルと書式の設定

　スタイルと書式の設定は、最初に行う設定の分量が多いことや、これを利用しなくても文書の作成自体はできてしまうということもあるためか、Word を長年利用しているユーザーでも、ほとんど利用したことがないという方もいるようです。しかし、スタイルと書式の設定を使いこなせるか否かにより、その後の文書作成の効率は大きく異なってきます。たとえば、目次の作成やヘッダーフッターの設定を行う場合も、スタイルの有無が作業効率に大きな影響をおよぼします。また、スタイルとアウトラインが連携することで、たとえば「第1－1－（1）」のような項目の細別を、「見出し1－見出し2－見出し3」スタイルに対応させたり、それぞれに個別のインデントを設定したりすることも可能です。

　複数のユーザーの手を経ることが多い法文書においては、あらかじめしっかりしたスタイルを設定しておくことにより、その後の編集作業を大幅に効率化することができます。スタイルは、一度作成しておけば再利用が可能なので、今後の業務における財産ともなります。

7.1 スタイルとは

　スタイルを使うことで、任意の文字列や段落に、あらかじめ設定したフォントやインデントなどの書式をワンクリックで適用することができます。スタイルを設定しておけば、共同作業中に多くのユーザーの手を経て不統一な書式になってしまった文書でも、容易に統一感のある文書に修正できるようになります。

7.1.1　スタイルの適用

　スタイルを適用したい段落を選択し、「ホーム」タブ→「スタイル」グループ内に表示されているスタイルのなかから適用したいスタイルを選択することで、複数の書式設定をワンクリックで適用することができます。

POINT

　スタイルを適用したい段落を選択する際は、段落の最初から最後までを選択する必要はなく、段落内のどこかにカーソルが存在していれば、段落全体にスタイルを適用することができます。

7.1.2　スタイルの変更

　「ホーム」タブ→「スタイル」グループ内に表示されているスタイルは、そのままでは法文書を作成する上で適切なスタイルとはいえませんので、自分でオリジナルのスタイルを作成することになります。たとえば、「見出し1」スタイルを変更する場合、以下のような操作を行って、オリジナルのスタイルに変更します。

　①「ホーム」タブをクリック。

②「スタイル」グループの ☑ をクリックして、スタイルギャラリーを展開。

③「見出し 1」スタイルの上で右クリック。

④ 表示されるメニューから、「変更 (M)」をクリック。

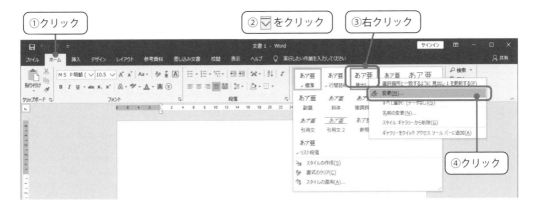

⑤「スタイルの変更」ダイアログが開く。

⑥「書式 (O)」をクリック。

　　フォントの種類やサイズ、色を変更する場合は「フォント (F)」を、インデントや行間を変更する場合は「段落 (P)」を、タブの位置やリーダーを付ける場合は「タブとリーダー (T)」を選択します。各項目をクリックすると、関連するダイアログが開きますが、これらは第 5 章の各節で解説されているダイアログと全く同じものです。

　「フォント」ダイアログについては第 4 章 4.4 を、「段落」ダイアログについては第 5 章 5.2、5.3 を、「タブとリーダー」ダイアログについては第 5 章 5.4 を参照してください。設定が完了したら、「OK」をクリックします。設定が完了すると、スタイルギャラリーの「見出し 1」に、変更内容が反映されているのを確認することができます。

7.1.2.1　既存の書式からスタイルを変更する

　前項の方法では、各ダイアログを開き、それぞれのダイアログから個別に設定を行う必要がありました。この方法以外に、文書中の既存の書式を用いて、その書式をそのままスタイルギャラリーに反映させる方法もあります。たとえば、「見出し 1」スタイルを変更する場合、以下のような操作を行って、文書中の既存の書式を「見出し 1」スタイルに反映させることができます。

① 文書中の各段落のなかから、「見出し 1」スタイルに反映させたい書式の個所にカーソルを移動。
②「ホーム」タブをクリック。
③「スタイル」グループの ∨ をクリックして、スタイルギャラリーを展開。
④「見出し 1」スタイルの上で右クリック。
⑤ 表示されるメニューから、「選択個所と一致するように見出し 1 を更新する (P)」をクリック。

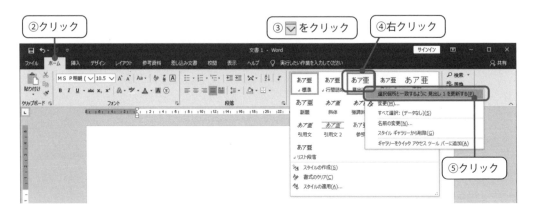

　設定が完了すると、スタイルギャラリーの「見出し 1」に書式が反映されます。

7.1.2.2　既存の書式から新しいスタイルを作成する

前項では、文書中の既存の書式を用いて、スタイルギャラリー内のスタイルを変更しましたが、変更ではなく、スタイルを新規に作成することも可能です。

① 文書中の各段落のなかから、新たなスタイルとして追加したい書式の個所にカーソルを移動。
②「ホーム」タブをクリック。
③「スタイル」グループの ⌄ をクリックして、スタイルギャラリーを展開。
④「スタイルの作成 (S)」をクリック。

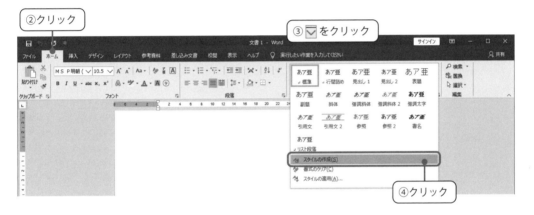

⑤「書式から新しいスタイルを作成」ダイアログが開く。
⑥「名前 (N)」フィールドに適当なスタイル名を入力。
⑦「OK」をクリック。

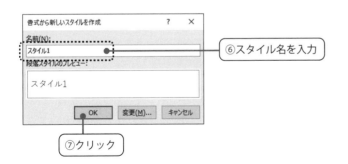

7.1.3　スタイル名を常に表示する

　スタイル名を常に表示しておくためには、クイックアクセスツールバーをカスタマイズする必要があります。

① クイックアクセスツールバーの上で右クリック。
② 表示されるメニューのなかから「クイックアクセスツールバーのユーザー設定 (C)」をクリック。

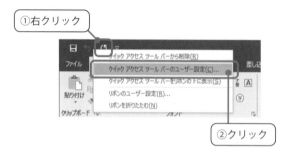

③「Word のオプション」ダイアログの「クイックアクセスツールバー」が開く。
④「コマンド選択 (C)」から「すべてのコマンド」を選択。
⑤ 以下の画像と同じ「スタイル」をクリック。
⑥「追加 (A)」をクリック。
⑦「OK」をクリック。

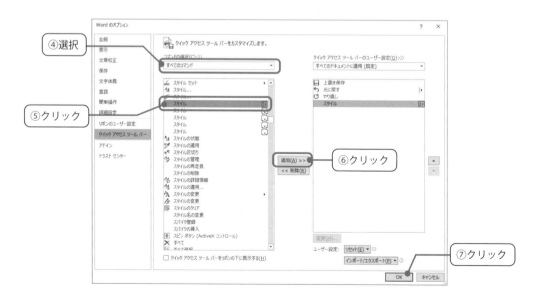

クイックアクセスツールバーに、カーソル位置のスタイル名が表示されるようになります。

スタイル名が表示されるようになった。

7.2 アウトラインとの連携

スタイルとアウトラインを連携することで、「第1－1－(1)－ア－(ア)－a－(a)」のような、公用文の項目の細別に則った文書を、効率的に作成できるようになります。

7.2.1　レベルと対応付ける見出し

「見出し1，2，3」スタイルを、アウトラインレベルの1，2，3と対応付けることで、各スタイルの段落番号が自動的に挿入されるよう、設定することができます。

（アウトライン）	（スタイル）
第1	見出し1
1	見出し2
ア	見出し3
イ	見出し3
2	見出し2
3	見出し2
第2	見出し1
:	:

「見出し 1，2，3」スタイルとアウトラインレベルとの対応

① 「ホーム」タブをクリック。
② 「段落」グループの をクリック。
③ 一覧から「新しいアウトラインの定義 (D)」をクリック。

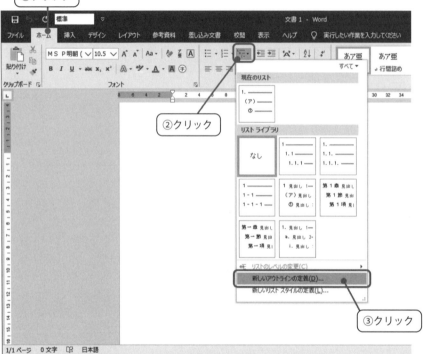

④ 「新しいアウトラインの定義」ダイアログが開く。
⑤ 「オプション (M)」をクリック。
⑥ 「変更するレベルをクリックしてください (V)」からレベル「1」を選択。
⑦ 「レベルと対応付ける見出しスタイル (K)」から「見出し 1」を選択。

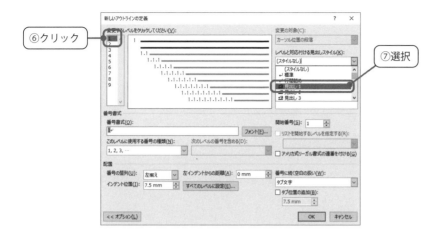

⑧ 番号書式を設定。（設定方法については第6章6.2を参照してください。）

⑨ レベル2以降も⑥～⑧の手順と同様に設定。（たとえばレベル2であれば、⑦の「レベルと対応付ける見出しスタイル (K)」は「見出し2」を選択します。）

⑩ 設定が完了したら「OK」をクリック。

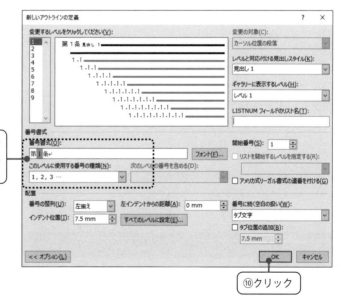

⑧レベル1の番号書式は「第○条」、番号の種類は全角数字、見出し1スタイルと対応付けた例

⑩クリック

　　　　アウトラインの各レベルとスタイルを対応付けることにより、スタイルギャラリーか
らスタイルをクリックするだけで、自動的に段落番号が振られ、インデントされた段落
にすることができます。

甲は、本建物の3階部分（以下貸室という。）を乙に賃貸し、乙はこれを賃借する。

| 「見出し1」スタイルを適用 | 自動的に段落番号が挿入され、書式が整えられた |

第1条　　　甲は、本建物の3階部分（以下貸室という。）を乙に賃貸し、乙はこれを賃借する。

7.3　作成したスタイルを他の文書でも利用する

　　　　法文書には、形式の似たものが多く存在しますので、作成したスタイルを保存して、
他の文書で再利用することができればたいへん便利です。現在の文書に設定されている
すべてのスタイルの総称を、スタイルセットといいます。このスタイルセットを保存し
ておくことで、他の文書でも利用することが可能になります。

7.3.1　スタイルセットの保存

　　①「デザイン」タブをクリック。
　　②「ドキュメントの書式設定」グループの ☑ をクリック。
　　③「新しいスタイルセットとして保存 (S)」をクリック。

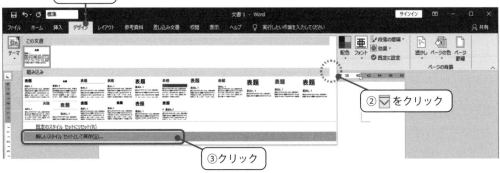

④「新しいスタイルセットとして保存」ダイアログが開く。

⑤「ファイル名 (N)」フィールドに適当な名前を入力。

⑥「保存 (S)」をクリック。（保存場所は既定の保存場所が自動的に選択されるので、改めて指定する必要はありません。）

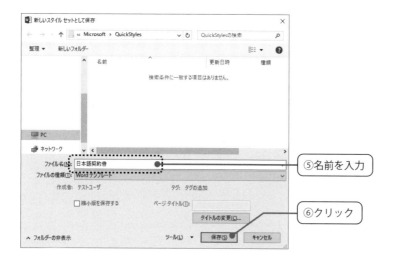

7.3.2 スタイルセットの呼び出しと適用

前項で保存したスタイルセットや、あらかじめ Word に備わっているスタイルセットを、現在作成中の文書に適用したい場合、以下の操作を行ってください。

①「デザイン」タブをクリック。

②「ドキュメントの書式設定」グループの ▽ をクリック。

③ 一覧のユーザー設定欄のなかから適用したいスタイルセットをクリック。

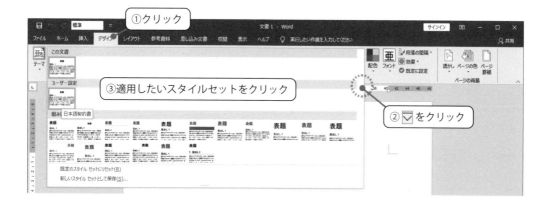

　スタイルセットを適用すると、「ホーム」タブ→「スタイル」グループ内のスタイルギャラリーの内容が変化し、本文中の各スタイルの書式も変化します。

7.4　スタイルセパレーター

　アウトラインと連携したスタイルは、通常は段落全体に適用されることになります。そのため、第 10 章で登場する目次を挿入した場合、目次の見出しとして段落内の文章すべてが表示されることになります。文字数の多い段落もそのまま目次の項目として表示されてしまうことになり、せっかく作成した目次が実用的とはいえないものになってしまうことにもなりかねません。これを解決するためには、「スタイルセパレーター」（隠し段落記号）という「改行されない段落記号」を用いて、2 つの段落を、あたかも 1 つの段落のように見せかける必要があります。たとえば、「スタイルセパレーター」の前は「見出し 1」スタイル、後は「標準」スタイルなどとすれば、目次を挿入した際の見出しの表示を制御することができます。「スタイルセパレーター」は、Enter キーで通常の段落記号を挿入したのち、Ctrl + Alt + Enter キーを押すことで、段落記号を「スタイルセパレーター」に変化させることができます。詳しくは第 10 章 10.3 を参照してください。

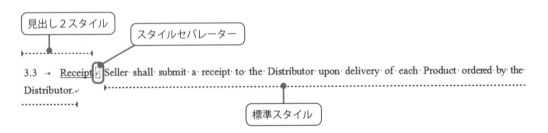

8

ヘッダーとフッターの
取り扱い

　ヘッダーとフッターのうち、特にフッターについては、ペー
ジ番号を挿入する目的で利用する機会が多くあります。単純な
連番のページ番号をはじめ、セクションごとにページ番号の書
式を変えたり、開始番号を途中で1から振り直したり、章番号
を含めた番号にしたりと、一口にページ番号といっても、文書
に応じてさまざまな書式が求められることになります。ヘッダー
とフッターの取り扱いについては、なんとなくできてしまっ
ているというユーザーが意外に多いようで、いざ複雑なヘッダー
／フッターの操作となるとうまくいかない、というケースが
多く見られます。ヘッダーとフッターの取り扱い方について改
めて整理しておくことで、少々複雑なヘッダー／フッターの操
作でも、問題なく処理できるようにしておきましょう。

8.1 ヘッダー / フッターの挿入・編集・削除

ここでは、ヘッダー / フッターの基本操作について簡単に解説します。

8.1.1　ヘッダー / フッターの挿入・編集

① 「挿入」タブをクリック。

② 「ヘッダーとフッター」グループの「ヘッダー」または「フッター」をクリック。

③ 「ヘッダー / フッターの編集」をクリック。

④ ヘッダー / フッター領域の編集画面が開く。

⑤ ヘッダー / フッター領域に文字列を入力。

8.1.2　ヘッダー / フッターの削除

① 「挿入」タブをクリック。

② 「ヘッダーとフッター」グループの「ヘッダー」または「フッター」をクリック。

③ 一覧の「ヘッダー / フッターの編集」をクリック。

④ ヘッダー / フッター領域の編集画面が開く。

⑤ ヘッダー / フッター領域の文字列を削除

POINT

ヘッダー / フッターをすべて削除したい場合、以下の方法でも可能です。

① 「挿入」タブをクリック。
② 「ヘッダーとフッター」グループの「ヘッダー」または「フッター」をクリック。
③ 一覧の「ヘッダー / フッターの削除」をクリック。

POINT

ヘッダー / フッターの書式についても、本文と同様に、「ホーム」タブから書式設定をすることができます。フォントを変えたい場合は「フォント」グループから、配置を変えたい場合は「段落」グループから設定します。

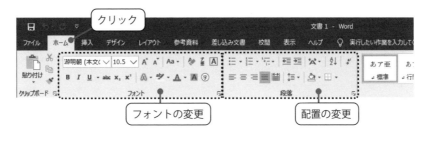

POINT

ヘッダー / フッターの位置や範囲は、ヘッダー / フッター編集時に表示される「デザイン」タブや、垂直ルーラーを使って変更することができます。

8.2 日付と時刻の挿入

郵便や FAX の送付状など、日付の記載のある文書を使いまわして使用する場合、日付が自動更新されるようなヘッダー / フッターを挿入しておくと便利です。

① ヘッダー / フッター領域の編集画面を開く。
②「ヘッダー / フッター ツール―デザイン」タブをクリック。

③「挿入」グループの「日付と時刻」をクリック。

④「日付と時刻」ダイアログが開く。

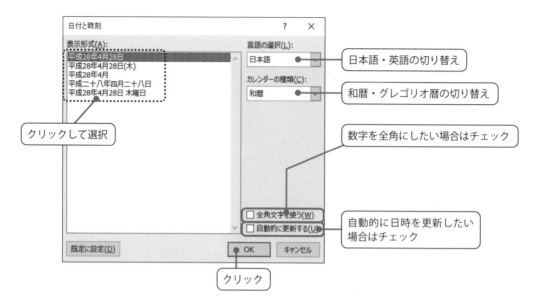

　「表示形式 (A)」のなかから、日付の表示形式を選択します。必要に応じて「言語の選択」から言語を、「カレンダーの種類 (C)」から和暦・グレゴリオ暦を選択します。日本語で時刻を挿入したい場合は「グレゴリオ暦」を選択しなければ挿入できません。

　日付が自動的に更新されるようにするには、「自動的に更新する (U)」をチェックします。

　日付の数字を全角にしたい場合は「全角文字を使う (W)」をチェックします。ただし、「自動的に更新をする (U)」にチェックが入っている場合は表示されません。

　設定が完了したら、「OK」をクリックします。

POINT

日本語で日付と時刻の両方を表示したい場合、都合 2 度「日付と時刻の挿入」を行うのが簡単です。まず日本語の日付を挿入し、続けて日本語の時刻を挿入します。

8.3　ページ番号の挿入

　分量の多い文書の場合、ページ番号が付けられることが一般的です。さらに、目次が付いた文書の場合、目次部分と本文部分のページ番号の書式を異なるものにしたり、章立てされた文書の場合、ページ番号の前に章番号を付けたりすることもあります。ページ番号の書式は、セクション区切りと密接に関連しており、セクションの操作と連動してマスターしておくとよいでしょう。

① ヘッダー / フッター領域の編集画面を開く。

②「ヘッダー / フッター ツール－デザイン」タブをクリック。

③「ヘッダーとフッター」グループの「ページ番号」をクリック。

④「ページ下部」にマウスポインタを重ねる。

⑤ 一覧からページ番号の書式を選択。

POINT

以下の方法でも挿入することができます。

①「挿入」タブをクリック。

②「ヘッダーとフッター」グループの「ページ番号」をクリック。

③「ページ下部」にマウスポインタを重ねる。

④ 一覧からページ番号の書式を選択。

　引き続き、ページ番号を半角数字からアルファベットなどに変更したい場合、以下の方法でページ番号の書式を変更します。

　①「ヘッダーとフッター」グループの「ページ番号」をクリック。
　②「ページ番号の書式設定 (F)」をクリック。
　③「ページ番号の書式」ダイアログが開く。
　④「番号書式 (F)」のなかから、番号の書式を選択。
　⑤「OK」をクリック。

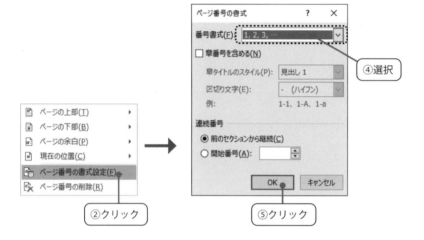

POINT

　ヘッダー / フッター領域の文字列も、本文と同様の方法で操作することができますので、ページ番号を削除したい場合、Delete キー等で削除することができます。
　その他、「ヘッダーとフッター」グループの「ページ番号」や、「挿入」タブ→「ヘッダーとフッター」グループの「ページ番号」から、「ページ番号の削除 (R)」で削除する方法もあります。

8.3.1 章番号を含める

　ページ番号は、「1-A」や「1.1」のように、章番号を含めて表示することもできます。ただし、Word 自身は文書中のどの位置を章の区切りにすべきか判断することはできません。そこで、特定のスタイルを付けられた文字列の位置が、イコール章の区切りであるというように、ユーザーが Word に教えてあげる必要があります。スタイルについての詳細は、第 7 章を参照してください。

① 「ヘッダーとフッター」グループの「ページ番号」をクリック。

② 「ページ番号の書式設定 (F)」をクリック。

③ 「ページ番号の書式」ダイアログが開く。

④ 「章番号を含める (N)」にチェック。

⑤ 章の区切りとなる「章タイトルのスタイル (P)」を指定。

⑥ 章番号とページ番号の「区切り文字 (E)」を選択。

⑦ 「OK」をクリック。

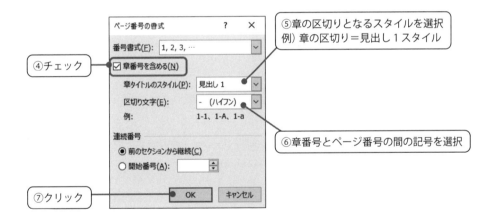

8.3.2　目次と本文のページ番号の書式を変えたい

　文書に目次を作成する際に、目次ページには「i、ii、iii」、本文ページには「1，2，3」といった書式のページ番号を挿入したい場合があります。ところが通常の方法では、不連続なページ番号を挿入したり、下図のようにページごとに番号書式を変更したりすることはできません。そこでまず、目次ページと本文ページが別セクションになるよう、セクションで区切ってあげる必要があります。

　セクションの区切り方については、第5章5.5を参照してください。

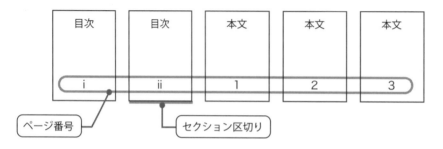

　セクション区切りを挿入しただけでは、本文セクションの開始番号は、前の目次セクションからの連番となります。上図の例ですと「3」になってしまいますので、これを「1」に変更します。

① 本文セクションの先頭ページで、ヘッダー / フッター領域の編集画面を開く。

②「ヘッダー / フッター ツール－デザイン」タブをクリック。

③「ナビゲーション」グループの「前と同じヘッダー / フッター」をクリックして解除。(背景が濃いグレーから通常のグレーに変わる。)

④「ヘッダーとフッター」グループの「ページ番号」をクリック。

⑤「ページ番号の書式設定 (F)」をクリック。

⑥「ページ番号の書式」ダイアログが開く。

⑦「開始番号 (A)」をチェックし「1」を指定。

⑧「OK」をクリック。

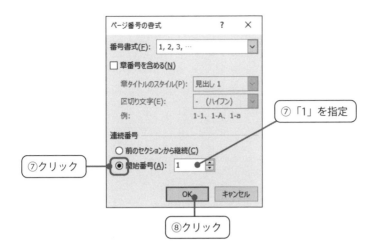

⑦「1」を指定

⑦クリック

⑧クリック

　以上の操作で、本文部分の開始番号が「1」になりました。次に、目次部分の番号書式を「i」に変更します。

① 目次セクションの先頭ページで、ヘッダー / フッター領域の編集画面を開く。
② 上の本文セクションでの操作と同様に、「ページ番号の書式」ダイアログを開く。
③「番号書式 (F)」を「i, ii, iii,…」に変更。
④「OK」をクリック。

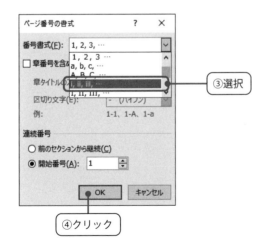

③選択

④クリック

「日付と時刻」や「番号書式」をオリジナルの形式や書式にしたい場合、フィールドコードを編集することでカスタマイズ可能です。フィールドコードは、日付や番号を選択し、グレーにハイライトされた状態で、Shift + F9 キーで表示・編集することができます。フィールドコードの編集についての詳細は、本書では割愛させていただきます。

表の取り扱い

　法律事務所での業務経験が豊富で、Excel の表の取り扱いにも習熟しているユーザーでさえ、Word の表の取り扱いには戸惑う点が多いようです。実際、法律事務所でのトラブルシューティングを担当すると、表についてのトラブルの多さに驚かされます。Excel に比べれば、Word の表操作がやや扱いにくいのは否めませんが、表の扱い方を体系的に知っておけば、トラブル解決の手がかりを得ることも、他の手段を使って回避することもできるようになります。

　法律事務所で扱う Word の表には、1) 取り扱う表のサイズが大規模である、2) 文書中に複数の表が存在する、3) 複数のユーザーの手を経て表が混乱している、といったものが多く見られます。表についての操作方法を整理しておくことは、効率的な文書作成に必要なポイントの一つといえます。

9.1　表の概要

表中の呼称については、以下を用いていきます。

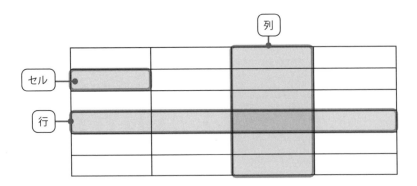

9.2　表の操作

9.2.1　表の挿入

　表を挿入する方法は大きく分けて 2 つあります。一つは先に表の罫線を引き、後で文字列を入力する方法、もう一つは文字列を先に入力し、罫線を付けて表に変換する方法です。

9.2.1.1　表作成（罫線→文字列）

① 表を挿入したい位置にカーソルを移動。

②「挿入」タブをクリック。

③「表」グループの「表」をクリック。

④「表の挿入 (I)」を選択。

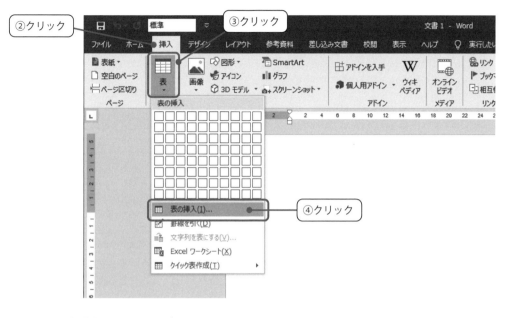

⑤「表の挿入 (I)」ダイアログが開く。

⑥ 作成する表の列数と行数を指定。

⑦「OK」をクリック。

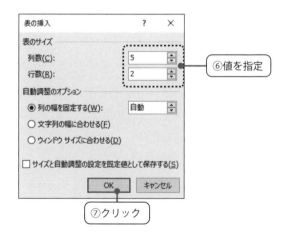

POINT

表の行数や列数は、後から変更することができます。

9.2.1.2　表作成（文字列→罫線）

　表に変換しようとする文字列は、あらかじめタブやカンマのような任意の記号によっ
て、個々のデータが区切られている必要があります。以下は、タブでデータが区切られ
ている場合の例です。

　　① タブで区切られた文字列を選択。

　　②「挿入」タブをクリック。

　　③「表」グループの「表」をクリック。

　　④「文字列を表にする (V)」を選択。

　　⑤「文字列を表にする」ダイアログが開く。

　　⑥「文字列の区切り」の「タブ (T)」をチェック。

　　⑦「OK」をクリック。

9.2.2　表の選択

　表全体を選択するには、表の上にマウスポインタを移動し、左上に現れる ⊞ をクリッ
クします。

クリック

号証	標　目 （原本・写しの別）		作　成 年月日	作成者	立証趣旨
甲1	事故証明書	原本	20.7.12	○○警察署	被告が, 平成２０年７月１２日午後１０時３０分ころ○○区××二丁目３番４号先路上で, 自己の運転する乗用車を原告の乗用車に追突させた事実
甲2	診断書	原本	20.7.13	○○病院 ○○医師	原告が本件事故により入院２０日及び通院約３か月の加療を要する頸椎捻挫の障害を負った事実
甲3の 1, 2	領収書 同上	原本 同上	20.7.13 20.8.12	○○病院 同上	原告が上記傷害の治療費として５万円を支払った事実 原告が上記傷害の治療費として１０万５０００円を支払った事実
甲4の 1～5	写　真 被写体 乗用車（カローラ） 撮影時期 ２０．７．１３ 撮影者 ○○○○（原告の義父）				本件事故により原告の乗用車（カローラ, 品川５５わ○○○○）が損壊した事実及びその状況各写真の撮影方向は写真添付の図面のとおり

9.2.3　表の削除

⊞ をクリックして表全体を選択し Delete キーを押せば、表を削除できそうに思えますが、この操作ではセル内の文字列が削除されるだけで、表自体は削除されません。表を削除するには、表の適当な位置をクリックし、「表ツール−レイアウト」タブ→「行と列」グループの「削除」をクリックして、「表の削除 (T)」をクリックします。

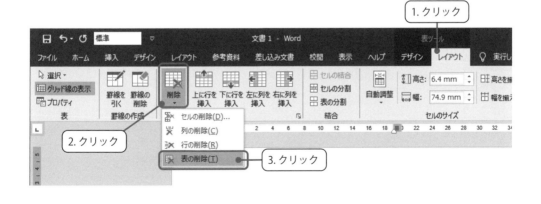

切り取り操作の本来的な使い方ではないかもしれませんが、表を選択し、右クリック→「切り取り (T)」でも削除することができます。

9.2.4 表の装飾

9.2.4.1 罫線の線種、太さ、色の変更

① ⊞ をクリックして表全体を選択。

②「表ツール－デザイン」タブをクリック。

③「飾り枠」グループの右下の 🔲 をクリック。

④「線種とページ罫線と網掛けの設定」ダイアログが開く。

⑤「罫線」タブを選択。

⑥ 下図を参考に、線の「種類 (Y)」と「色 (C)」と「線の太さ (W)」を指定し、「プレビュー」から、変更したい罫線の位置に対応するボタンをクリック。

⑦「OK」をクリック。

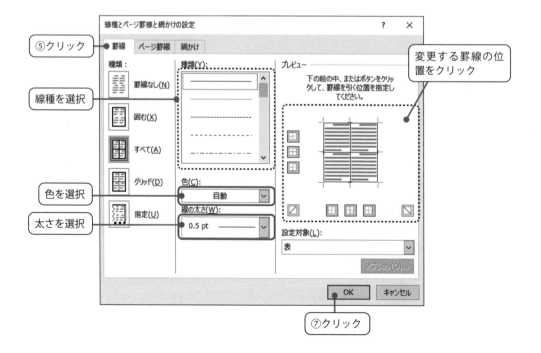

9.2.4.2　表の背景色の変更

① ⊞ をクリックして表全体を選択。
②「表ツール－デザイン」タブをクリック。
③「表のスタイル」グループの「塗りつぶし」ボタン下部をクリック。
④ 一覧から背景色を選択。

POINT

一見すると、表の一覧の色の上にマウスポインタを重ねるだけで、表の背景色が変更されたように見えますが、これは Word のリアルタイムプレビュー機能によるものです。クリックするまで色の変更は確定されません。

9.2.5　表のレイアウト

9.2.5.1　表の配置

　文書中に表を挿入すると、デフォルトでは編集画面に対し、左揃えに表が配置されます。中央揃えや右揃えに変更するには、以下の操作を行います。

① 表の適当な位置をクリック。
②「表ツール－レイアウト」タブをクリック。
③「表」グループの「プロパティ」をクリック。

④「表のプロパティダイアログ」が開く。

⑤「表」タブを選択。

⑥「配置」の「中央揃え (C)」または「右揃え (H)」をクリック。

⑦「OK」をクリック。

9.2.5.2　表と文字列の位置関係

前項と同様に、「表のプロパティ」ダイアログを開きます。「表」タブを選択し、「文字列の折り返し」の「する (A)」を選択して、「OK」をクリックします。

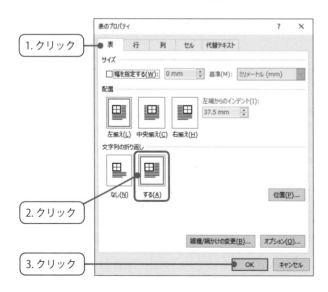

9.2.6 表の分割と結合

9.2.6.1 表を分割する場合

表中の、分割したい行の適当な位置にカーソルを移動し、「表ツール−レイアウト」タブ→「結合」グループの「表の分割」をクリックします。

9.2.6.2 表を結合する場合

結合したい2つの表の間にある、段落記号を削除して結合します。

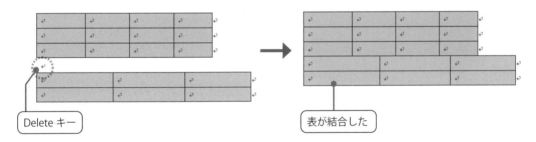

2つの表を単純に結合しただけでは、列幅の変更を連動させることはできません。列幅の変更を連動させるには、いったん2つの表の罫線を合わせる必要があります。

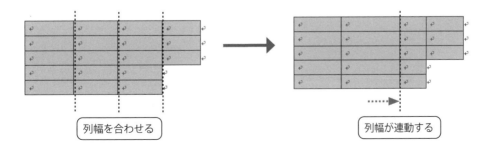

9.2.7　表の区切り位置の調整

　　複数ページにわたる表で、ページをまたがるような大きなセルが存在する場合、行の途中で改ページされてしまい、表の下部に大きな余白が生じてしまうことがあります。

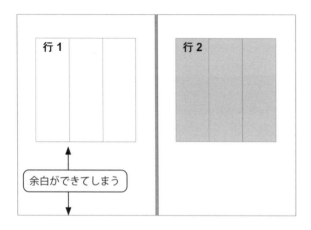

　　これは、Word が行の途中で改ページされるのを防ぐために、自動的にレイアウトを調整しているのが原因です。このようなページ下部の余白をなくすためには、行の途中であっても改ページされるよう、設定を変更します。

　　①　⊞ をクリックして表全体を選択。
　　②「表ツール−レイアウト」タブをクリック。
　　③「表」グループの「プロパティ」をクリック。）

　　④「表のプロパティ」ダイアログが開く。
　　⑤「行」タブを選択。
　　⑥「行の途中で改ページする (K)」をチェック。
　　⑦「OK」をクリック。

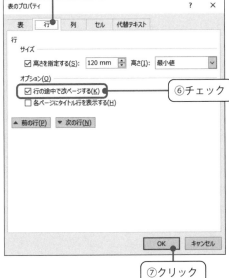

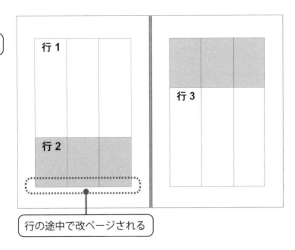

⑤クリック

⑥チェック

⑦クリック

行の途中で改ページされる

POINT ....

上の①から③までの操作は、表の上で右クリック→「表のプロパティ (R)」をクリックでも、代
替することができます。

....

POINT ....

「行の途中で改ページする (K)」がチェックされているにもかかわらず、表の下部に大きな余白が
生じてしまう場合、行の高さが指定されていないか確認してみてください。
表のプロパティの「行」タブ→「高さを指定する (S)」にチェックが入っている場合、このチェ
ックをはずしてください。
行の「高さを指定する (S)」が設定されていると、「行の途中で改ページする (K)」の指定がキャ
ンセルされてしまうようです。

....

9.3 行と列の操作

9.3.1 行と列の選択

　行を選択するには、選択したい行の左にマウスポインタを移動しクリックします。列の場合は列の上にマウスポインタを移動しクリックします。

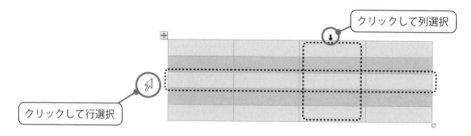

　連続した複数の行（列）を選択するには、最初の行（列）を選択し、そのままドラッグして選択します。

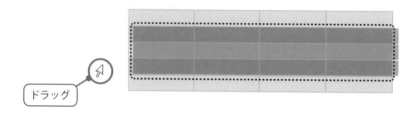

　複数の行（列）を飛び飛びに選択するには、最初の行（列）を選択し、以降の行（列）は Ctrl キーを押しながらクリックして選択します。

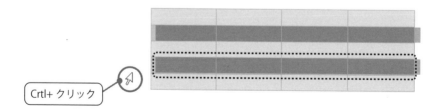

9.3.2　行と列の大きさを変更する

　行の高さを変更するには、変更したい行の罫線上にマウスポインタを重ね、マウスポインタの形が ÷ に変わる位置でクリックし、変更したい大きさまでドラッグします。

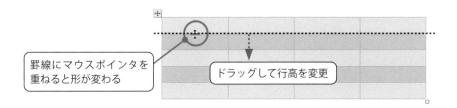

罫線にマウスポインタを
重ねると形が変わる

ドラッグして行高を変更

　列の幅も同様に、変更したい列の罫線上にマウスポインタを重ね、マウスポインタの形が ∻ に変わる位置でクリックし、変更したい大きさまでドラッグします。

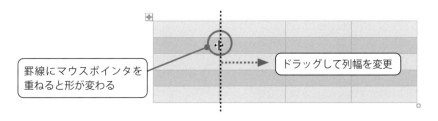

罫線にマウスポインタを
重ねると形が変わる

ドラッグして列幅を変更

　リボンから値を指定して、行の高さや列の幅を変更することもできます。大きさを変更したい行や列に含まれるセルをクリックして選択し、「表ツール－レイアウト」タブ →「セルのサイズ」グループの または 幅: 36.8 mm から値を指定します。

POINT

マウス操作で行の高さを変更した場合も、表のプロパティの「行」タブ→「高さを指定する(S)」に自動的にチェックが入ります。そのため、「行の途中で改ページする(K)」がチェックされているにもかかわらず、表の下部に大きな余白が生じてしまう場合があります。

9.3.2.1　隣接する列の幅が影響を受けない列幅の変更方法

列幅を変更すると、表全体の幅が維持される代わりに、隣接する列の幅が影響を受けます。

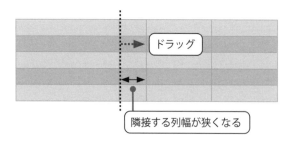

隣接する列の幅に影響を与えたくない場合、ドラッグして列幅を変更する際に、Shiftキーを押しながら実行します。

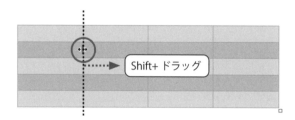

9.3.3　行と列の挿入

行や列を挿入して表を拡張するには、表中の挿入したい位置にカーソルを移動し、「表ツール－レイアウト」タブ→「行と列」グループから操作を選択します。

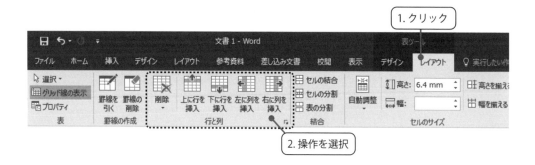

9.3.4　行の並べ替え

データの内容にしたがって、昇順または降順に行の並べ替えを行うことができます。

① 表の適当な位置にカーソルを移動。
②「表ツール－レイアウト」タブをクリック。
③「データ」グループの「並べ替え」をクリック。

②クリック

③クリック

④「並べ替え」ダイアログが開く。
⑤ 下図を参考に、並べ替えの基準となる列や、並べ替えの基準、順序を指定。
⑥「OK」をクリック。

並べ替えの基準となる列を選択

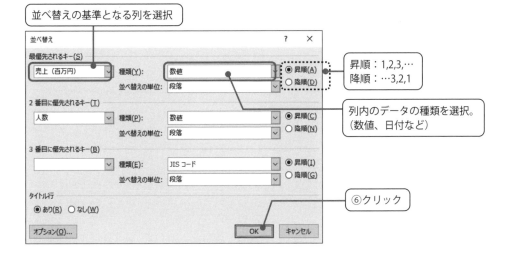

昇順：1,2,3,…
降順：…3,2,1

列内のデータの種類を選択。
（数値、日付など）

⑥クリック

POINT

並べ替えの種類に JIS コードや五十音順を選択しても、必ずしもあいうえお順に並べ替えられるとは限りません。

9.3.5　タイトル行の繰り返し

複数ページにわたる表の場合、表の1行目をタイトル行として、以降の各ページに繰り返し表示させることができます。

① タイトル行として使用したい行を選択。
②「表ツール－レイアウト」タブをクリック。
③「データ」グループの「タイトルの繰り返し」をクリック。

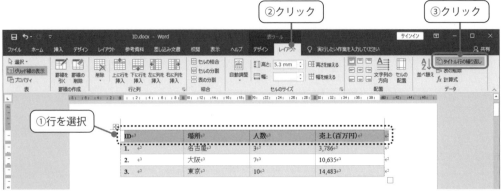

POINT

タイトル行の編集は、表の1ページ目のタイトル行で行います。2ページ目以降に表示されたタイトル行をクリックしても、編集することはできません。

POINT

複数行をタイトル行としたい場合、上の①で複数行を選択しておきます。

POINT

タイトルの繰り返しが反映されない場合、表のプロパティの「表」タブ→「文字列の折り返し」を確認してみてください。「文字列の折り返し」が「する」になっていると、タイトルの繰り返しが反映されません。

9.3.6 列に連番を振る

連番を付けたい列を選択し、「ホーム」タブ→「段落」グループの ≡▾ をクリックします。列の一部に連番を付けるには、連番を付けたいセルを選択し、≡▾ をクリックします。

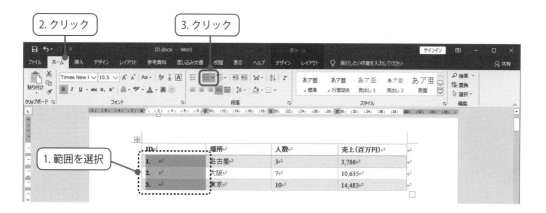

9.4 セルの操作

9.4.1 セルの選択

セルの上でクリックすれば、そのセルを選択したことになります。

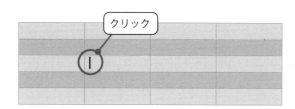

複数のセルを選択するには、選択したいセルの上でクリックし、そのままドラッグします。

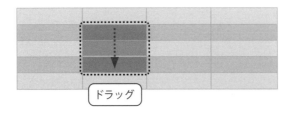

複数のセルを飛び飛びに選択するには、選択したいセルの罫線上にマウスポインタを重ね、ポインタの形が ◢ に変わる位置でクリックします。2つ目以降のセルは、Ctrlキーを押しながら同じ操作を繰り返します。

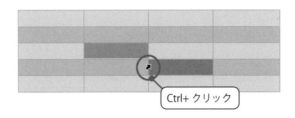

9.4.2　文字列の配置

9.4.2.1　左揃え、中央揃え、右揃え

セル内の文字列を、左揃え、中央揃え、右揃えにするには、変更したい範囲のセルを選択し、「表ツール－レイアウト」タブ→「配置」グループの各ボタンから変更することができます。上下の配置についても指定可能です。

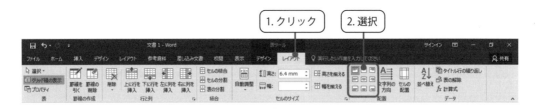

9.4.2.2　セル内の余白

　セルの罫線と文字列との間隔が詰まりすぎたり空きすぎたりして見栄えが悪い場合、罫線と文字列との間隔を調整することができます。

①　　　　間隔を変更したいセル範囲を選択。
②　　　　「表ツール－レイアウト」タブをクリック。
③　　　　「配置」グループの「セルの配置」をクリック。

②クリック　　③クリック

④　　　　「表のオプション」ダイアログが開く。
⑤　　　　「既定のセルの余白」の「上」「下」「左」「右」の値を指定。
⑥　　　　「OK」をクリック。

⑤値を指定

⑥クリック

9.4.2.3　行間隔

　前項で余白を設定しても、設定どおりのレイアウトにならない場合、文字列自体に段落前後の間隔や、行間隔が設定されている可能性があります。セル内の文字列をドラッグしてグレーに反転する部分を見れば、おおよその段落設定がわかります。

文字列　　段落前後の間隔

　この場合、該当するセルを選択し、「ホーム」タブ→「段落」グループ右下の、🖳 を
クリックして「段落」ダイアログを開き、段落前後の間隔や行間隔を設定します。詳し
くは第 5 章 5.6 を参照してください。

9.4.3　セルの結合と分割

　セルを結合するには、結合したい複数のセルを同時に選択し、「表ツール−レイアウト」
タブ→「結合」グループの「セルの結合」をクリックします。

　セルを分割するには、「表ツール−レイアウト」タブ→「結合」グループの「セルの分割」
をクリックして「セルの分割」ダイアログを開き、分割後の列数と行数を指定して「OK」
をクリックします。

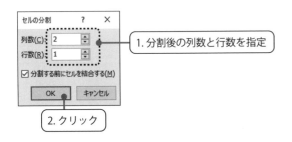

9.4.4　文字の向き

　セル内の文字の向きを変更することで、表スペースを効率的に使用することができま
す。文字の向きを変更したいセルを選択し、「表ツール−レイアウト」タブ→「配置」グルー
プの「文字列の方向」をクリックして、文字の向きを選択します。

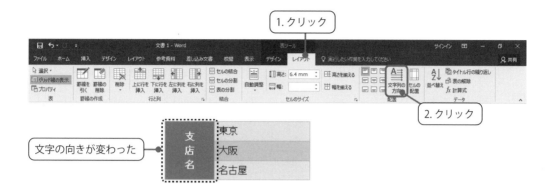

文字の向きが変わった

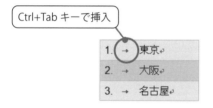

9.4.5 セル内でのタブの利用

セル内にタブを挿入しようとして Tab キーを押すと、タブが挿入される代わりに隣のセルにカーソルが移動してしまいます。セル内のタブは Ctrl + Tab キーで挿入することができます。

Ctrl+Tab キーで挿入

9.4.6 セル幅に合わせて文字を押し込む

セル内に一つだけ長い文字列がある場合、レイアウトを整えるためいくつかの方法が考えられます。たとえば、列幅を広げたり、文字列を折り返したり、フォントサイズを小さくしたりする方法がすぐに思いつくでしょう。もう一つの方法として、長い文字列を、セルの幅に合わせて無理やり詰め込んでしまう方法があります。

① 　　　　長い文字列の存在するセルを選択。

② 　　　　「表ツール－レイアウト」タブをクリック。

③ 　　　　「表」グループの「プロパティ」をクリック。

④ 　　　　「表のプロパティ」ダイアログを開く。

⑤ 　　　　「セル」タブを選択。

⑥ 　　　　右下の「オプション (O)」ボタンをクリック。

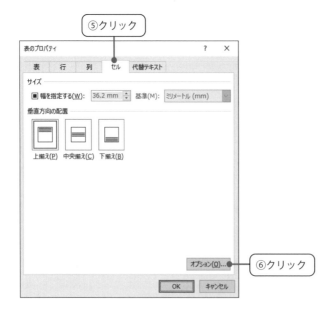

⑦ 　　　　「セルのオプション」ダイアログが開く。

⑧ 　　　　「文字列をセル幅に均等に割り付ける (F)」をチェック。

⑨ 　　　　「OK」をクリック。

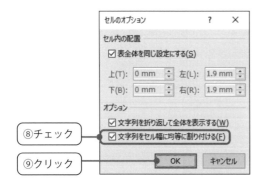

10

目次の作成

　分量の多い文書の場合、本文の前に目次を挿入することがあります。目次は手入力で作成することもできますが、あらかじめスタイルが設定されている文書であれば、目次を自動的に作成することができます。目次を自動的に作成できるようにしておけば、本文に変更があった場合でも、目次の見出しやページ番号を簡単に更新することができるようになります。何度も変更を繰り返すような文書の場合、目次更新の手間が大幅に軽減されるとともに、ミスによる目次と本文の対応の不一致を防ぐことができます。

　目次自体にスタイルを適用することもできますので、目次の形式を望み通りに整えることもできます。

10.1 目次の挿入

① 目次を挿入したい位置に、カーソルを移動。
②「参考資料」タブをクリック。
③「目次」グループの「目次」をクリック。

Word 2019 では、あらかじめ 3 つの目次スタイルが用意されていますが、法文書に適した書式ではありません。用意されている目次スタイル以外の書式を使うには、「ユーザー設定の目次 (C)」をクリックして「目次」ダイアログを開きます。

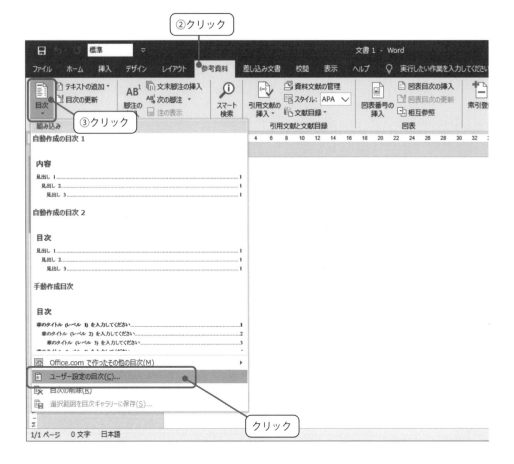

10.1.1　目次ダイアログ

「目次」ダイアログから、より詳細な目次の設定を行うことができます。

- ● ページ番号を表示する (S)
  目次にページ番号を表示します。通常はこれにチェックをします。
- ● ページ番号を右揃えにする (R)
  目次のページ番号の配置を右揃えにします。通常はこれにチェックをします。
- ● タブリーダー (B)
  目次見出しとページ番号間のリーダーを選択します。点線などが一般的です。
- ● アウトラインレベル (L)
  表示する目次レベルを指定します。たとえば、条、項、号で細別された文書の場合、1 を指定すると条のみが、2 を指定すると項までが目次に表示されます。
- ● オプション (O)
  本文中のスタイルのうち、目次に表示したいものを選択します。デフォルトでは、「見出し 1，2，3，・・・」スタイルが選択されています。「見出し 1，2，3，・・・」スタイル以外のスタイルを設定する場合、以下の 10.1.1.1 を参照してください。
- ● 変更 (M)
  目次自体のスタイルを変更し、フォントの種類や大きさを変更することができます。設定については以下の 10.1.1.2 を参照してください。

10.1.1.1 「**目次オプション**」ダイアログ

「目次」ダイアログの、「オプション (O)」ボタンをクリックすると、「目次オプション」ダイアログが開きます。「目次レベル (L)」から、目次の見出しとして登場させたいスタイルを選択します。デフォルトでは、本文中の「見出し 1 , 2 , 3」スタイルが付けられた段落が、目次の見出しとして登場するよう設定されています。

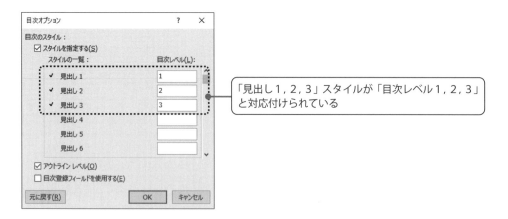

「見出し 1 , 2 , 3」スタイルが「目次レベル 1 , 2 , 3」と対応付けられている

目次レベルと対応付けるスタイルを、「見出し 1 , 2 , 3」以外のスタイルに変更する場合、「目次レベル (L)」の数字を対応するスタイルに変更します。

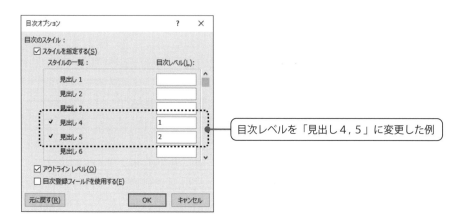

目次レベルを「見出し 4 , 5」に変更した例

10.1.1.2 変更

　目次のフォントやインデントなどを変更する場合、「目次」ダイアログの「変更 (M)」をクリックして、「文字 / 段落スタイルの設定」ダイアログを開きます。「スタイル (S)」の一覧のなかから、変更したい目次レベルをクリックして選択します。デフォルトでは、「見出し 1，2，3・・・」が「目次レベル 1，2，3・・・」に対応しています。

　「変更 (M)」ボタンをクリックすると、「スタイルの変更」ダイアログが開きます。この「スタイルの変更」ダイアログは、第 7 章 7.1 の「スタイルの変更」ダイアログとまったく同じものです。詳しい設定方法については第 7 章を参照してください。

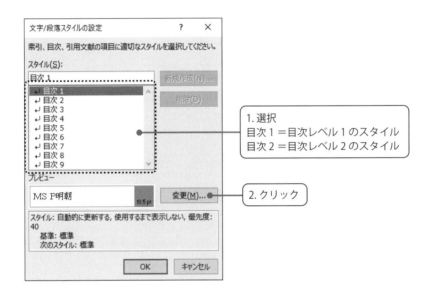

10.1.1.3 目次スタイルの保存

　作成した目次スタイルをスタイルセットとして保存しておくと、他の文書でも再利用することができ、次回以降の文書作成の効率が向上します。

　　まずは、「スタイルの変更」ダイアログの「スタイルギャラリーに追加 (S)」をチェックして、作成した目次スタイルを、スタイルギャラリーに追加します。

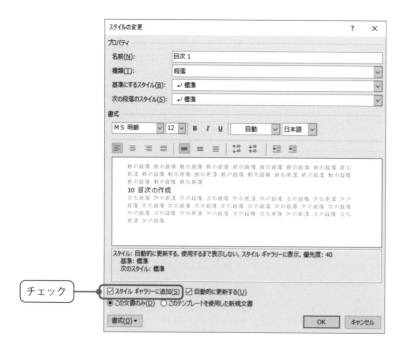

　　目次 2 以降のスタイルも、同様にスタイルギャラリーに追加します。
　　すべての目次スタイルをスタイルギャラリーに追加したら、スタイルセットとして保存します。スタイルセットの保存方法と、他のファイルからの呼び出し方法については、第 7 章 7.3 を参照してください。

10.2　目次の更新

　本文を変更しても、目次の見出しやページ番号は自動的には更新されません。目次の見出しやページ番号を更新する場合、「参考資料」タブ→「目次」グループの「目次の更新」をクリックします。

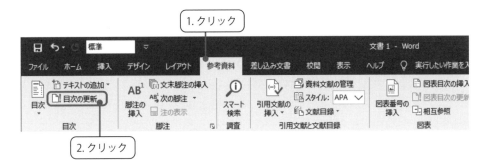

　「目次の更新」ダイアログが開くので、「目次をすべて更新する (E)」をチェックして「OK」をクリックします。

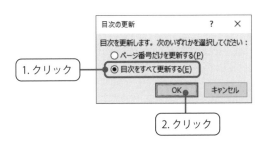

10.3 スタイルセパレーター

　「見出し 1」スタイルを、「目次レベル 1」に設定して目次を作成すると、目次の見出しには、「見出し 1」スタイルの付けられた段落全体が表示されます。たとえば、以下のような文書では、先頭の下線部分まで表示したい場合でも、段落全体が目次に表示されることになります。

3.3 → <u>Receipt.</u> ·Seller· shall· submit· a· receipt· to· the· Distributor· upon· delivery· of· each· Product· ordered· by· the· Distributor.↵

　　　ここまでを目次の見出しにしたい

　これは、目次の見出しとして本文の段落記号（↵）までのすべての文字列が表示される、という Word の仕様によるものです。だからといって、上図の下線部分の直後に段落記号（↵）を挿入してしまうと、今度は本文の段落が改行されてしまいます。このような場合、「改行されない段落記号」を挿入して解決することができます。この記号は、文書中のスタイルを区切る用途で使われることが多いので、「スタイルセパレーター」と呼ばれています。

　「スタイルセパレーター」の挿入方法は、まず目次の見出しとして表示したい部分の直後で Enter キーを押し、いったん別段落にします。

3.3 → <u>Receipt</u>↵ 　Enter キーで改行
3.4 → ··Seller shall submit a receipt to the Distributor upon delivery of each Product ordered by the Distributor.↵

　次に、カーソルを目次に表示したい部分に移動し、Ctrl + Alt + Enter キーを押して、段落記号（↵）を「スタイルセパレーター」に変更します。

3.3 → <u>Receipt.</u>　カーソルを移動し Ctrl+Alt+Enter
3.4 → ··Seller shall submit a receipt to the Distributor upon delivery of each Product ordered by the Distributor.↵

　最後に、「スタイルセパレーター」で区切られた後の部分を、「標準」スタイルなどに変更します。

3.3 → <u>Receipt.</u> Seller· shall· submit· a· receipt· to· the· Distributor· upon· delivery· of· each· Product· ordered· by· the· Distributor.↵

　　　「標準」スタイルなどに変更

10.4　複数行にわたる文字列を 1 行で目次に表示する

　前節とは逆に、複数行にまたがる文字列を、1 行の見出しで目次に表示する場合、行
を段落記号（↵）で改行するのではなく、「任意指定の行区切り」（↓）で改行します。
任意指定の行区切り（↓）を挿入したい位置にカーソルを移動し、Shift キーを押しな
がら Enter キーを押して挿入します。

ARTICLE·6.｜→·WARRANTY;·REPAIRS↵

Shift+Enter

ARTICLE·6.↓
WARRANTY;·REPAIRS↵　　　　「任意指定の行区切り」が挿入された

10.5 任意の文字列を目次に表示する

　「別表」や「Appendix」などの、任意の文字列を目次の見出しとして表示したい場合、本文中に「目次登録フィールド」（TC フィールド）を挿入します。たとえば「別表 1」という文字列を、目次の見出しとして表示したい場合、以下の操作を行います。

　① 本文中の「別表 1」という文字列の位置に、カーソルを移動。
　②「挿入」タブをクリック。
　③「テキスト」グループの「クイックパーツ」　■▾ をクリック。
　④「フィールド (F)」を選択。
　⑤「フィールド」ダイアログが開く。
　⑥「フィールドの名前 (F)」一覧のなかから「TC」を選択。
　⑦「文字列 (:)」に「別表 1」など、目次に表示させたい文字列を入力。
　⑧「アウトラインレベル (O)」をチェックし「1」を入力。
　⑨「OK」をクリック。

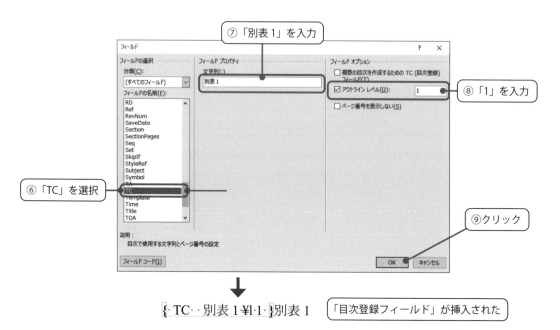

⑦「別表 1」を入力

⑥「TC」を選択

⑧「1」を入力

⑨クリック

{ · TC · · 別表 1 ·¥l·1· }別表 1　　「目次登録フィールド」が挿入された

　「目次登録フィールド」は、点線で囲まれた　{}　のなかに表示されます。（フィールドは印刷されません。）

　必要な「目次登録フィールド」の挿入後、これを目次の見出しとして表示させるために、目次の設定を変更します。

① 既存の目次がある場合はその上に、ない場合は目次を挿入したい位置に、カーソルを移動。
②「参考資料」タブをクリック。
③「目次」グループの「目次」をクリック。
④「ユーザー設定の目次 (C)」を選択。
⑤「目次」ダイアログが開く。
⑥「オプション (O)」をクリック。

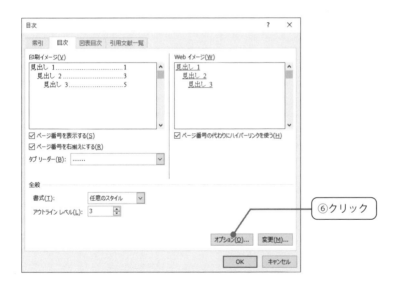

⑦「目次オプション」ダイアログが開く。

⑧「目次登録フィールドを使用する (E)」をチェック。

⑨「OK」をクリックして「目次オプション」ダイアログを閉じる。

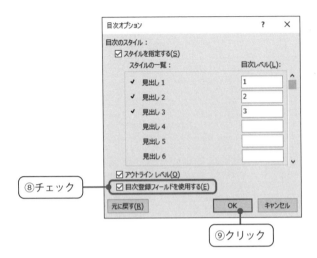

⑩「OK」をクリックして「目次」ダイアログを閉じる。

「目次」ダイアログを閉じた際、「この目次を置き換えますか?」と聞かれる場合、「はい」をクリックして目次を更新します。

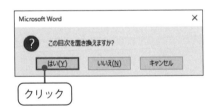

11

文書の校正に
役立つ機能

　Word には、日本語の文章校正、英文のスペルチェック、表記
の不統一のチェックなど、いくつかの文章校正機能が用意され
ています。これらの機能を利用することで、目視のチェックで
は見逃しやすいミスを発見し、修正することができます。他の
ユーザーと共同で文書を作成すると、「および」と「及び」、「ま
たは」と「又は」、「ただし」と「但し」といった漢字とひらが
なの混在や、「支払」と「支払い」などのような、送り仮名の不
統一が生じてきます。このような表記ゆれについても、文章校
正機能によって発見・解消することができます。

11.1　スペルチェックと文章校正の準備

　スペルチェックと文章校正を行う前に、どこまで厳密にチェックを行うのか、ユーザー側であらかじめ指定しておくと、後々の作業の手戻りが少なくなります。

　厳密さの基準は以下の方法で指定することができます。

①「ファイル」タブをクリック。
②「オプション」をクリック。
③「文章校正」をクリック。
④「文書のスタイル (W)」から選択。

　法文書は、一般の文書以上に厳密さが求められる文書ですから、まずは「公用文 (校正用)」の選択が考えられるでしょう。ただし、「公用文 (校正用)」は常用漢字に基づいたチェックも行うため、たとえば「瑕疵」などの文字列も修正対象として表示されることになります。設定が過剰に厳密すぎると思われる場合、「通常の文 (校正用)」を選択してください。

POINT

文書作成に集中できないほど波線だらけになってしまうと、逆にミスを誘発することにもなり本末転倒です。普段は「通常の文」に設定しておき、校正が必要な場合のみ「公用文 (校正用)」や「通常の文 (校正用)」に変更するのがよさそうです。

POINT

いずれは「設定 (T)」で、項目ごとに使いやすい基準にカスタマイズするとよいでしょう。

11.2　スペルチェックと文章校正

　　文書を作成する上で、タイプミスは避けることができませんが、これを目視で発見するとなると、多くの時間と労力を費やすことにもなりかねません。もちろん、最終的には責任者による目視での確認が入ることになるでしょうが、編集段階で単純なタイプミスはできるだけ取り除いておくようにしましょう。

　　スペルチェックと文章校正機能を利用すると、文書中の日本語の文法誤りや、英文のスペルミスを発見・解消することができます。

賃貸借期間内にあっても甲または乙は9か月前までに相手方にに対し書面によりその予告をすることによって本契約を解約することができる。

　　　　　　　　　　　　　　　　　　波線が表示される

　　スペルチェックと文章校正を一括して行うには、「校閲」タブ→「文章校正」グループの「スペルチェックと文章校正」をクリックします。

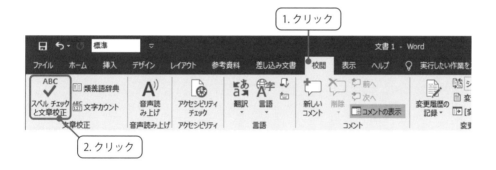

1. クリック

2. クリック

　「文章校正」ウィンドウが開き、文書中の誤りらしき箇所を順に表示していきます。
場合により、修正候補が表示されるので、「無視」や「変更」などの操作を行います。

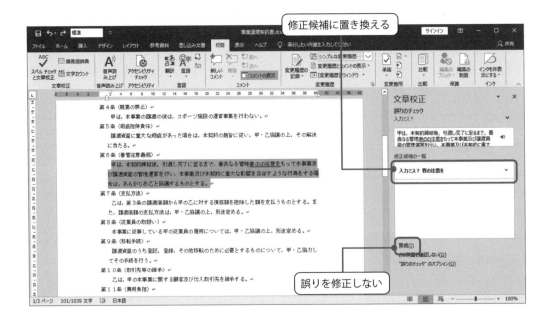

修正候補に置き換える

誤りを修正しない

POINT

誤りを個別に修正することも可能です。
誤りの発見された文字列の下には波線が表示されます。波線の上で右クリックすると、表示されるメニューの上部に、修正候補一覧が表示されます。表示された修正候補をクリックすると、文書中の文字列が修正されます。

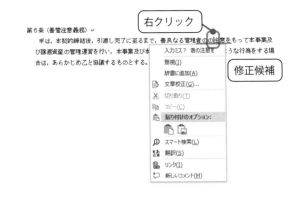

右クリック

修正候補

11.2.1　スペルチェックと文章校正をやり直す

　「スペルチェックと文章校正」を行った際に、「無視」を選択した文字列は、再度「スペルチェックと文章校正」を行っても、誤り箇所として登場しません。これらを再登場させるためには、「スペルチェックと文章校正」の結果をリセットする必要があります。

　①「ファイル」タブをクリック。
　②「オプション」をクリック。
　③「文章校正」をクリック。
　④「再チェック (K)」をクリック。
　⑤「はい (Y)」をクリック。

11.3 表記ゆれチェック

　複数のユーザーの手により、時間をかけて徐々に仕上がっていく文書の場合、文書中に表記の不統一が起こりがちです。法文書は、「読めればいい」、「伝わればいい」という種類の文書ではありませんので、このような表記の不統一については、最終版までに解消しておくようにしましょう。特に、弁護士は作成した文書が成果物となる職業ですので、このような表記の不統一の存在は関係者に無用な不安を抱かせることにもなりかねません。

　「表記ゆれチェック」を行うと、「ただし」と「但し」、「および」と「及び」などのように、文書中の同義異表記の文字列を発見し、修正することができます。文書中の表記ゆれのある箇所には、文字列の下に線が表示されます。

第 2 条（譲渡日）↵

　譲渡日は，令和〇年〇月〇日とする。ただし，法令上の制限，手続上の事由により必要あるときは，甲・乙協議の上，これを変更することができる。↵

下線が表示される

　「表記ゆれチェック」を行うには「校閲」タブ→「言語」グループの「表記ゆれチェック」をクリックします。

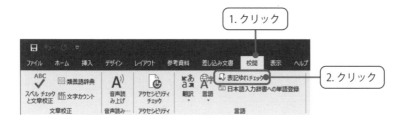

　「表記ゆれチェック」ダイアログが開き、文書中の表記ゆれ箇所の一覧が表示されます。表記ゆれを統一する場合、「対象となる表記の一覧 (W)」から統一したい表記ゆれの種類を選択し、「修正候補 (R)」のなかから変更したい文字列を選択して、「すべて修正 (L)」をクリックします。修正完了後は、「閉じる」をクリックして、「表記ゆれチェック」ダイアログを閉じます。

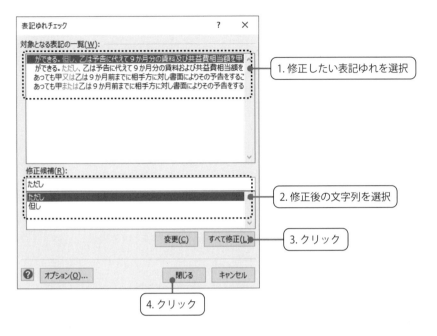

1. 修正したい表記ゆれを選択

2. 修正後の文字列を選択

3. クリック

4. クリック

POINT

表記ゆれがあると思われるにも関わらず、修正対象として登場しない場合、第 11 章 11.1 の方法でより厳密な設定に変更して再度試してみてください。
または、11.2.1 の方法で再チェック (K) の実行を検討してもよいかもしれません。

11.4 波線を非表示にする

　誤り箇所や、表記ゆれ箇所に表示される波線を、常に非表示にすることもできます。
非表示にした場合でも、「スペルチェックと文章校正」や、「表記ゆれチェック」を行え
ば誤り箇所として登場します。

① 　　「ファイル」タブをクリック。
② 　　「オプション」をクリック。
③ 　　「文章校正」をクリック。
④ 　　「この文書のみ、結果を表す波線を表示しない (S)」をチェック。
⑤ 　　「OK」をクリック。

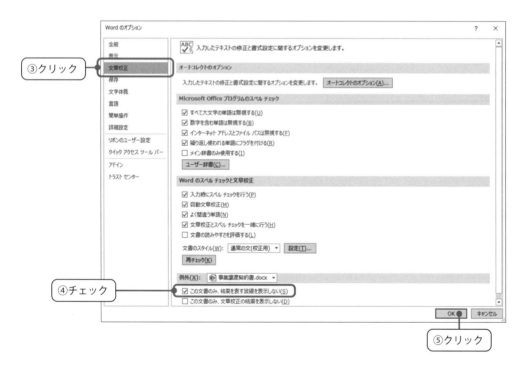

12

変更の履歴と
文書の比較

　複数のユーザーによって共同で作成される文書の場合、ユーザー間のコミュニケーションが特に重要になります。オリジナルの文書に対し、「いつ、誰が、どのような」変更を行ったのかをユーザー間で共有しておくことも、コミュニケーションの一つといえるでしょう。このような変更の履歴を自動的に残しておくことができれば、ユーザー間のコミュニケーションに関わるコストを軽減することができ、ミスコミュニケーションによって引き起こされるトラブルの防止にもつながります。

　Word の「変更の履歴」機能を活用すれば、変更箇所を自動的に記録し文書中に明示しておくことができます。一般の文書に比べ、一言一句の違いが重い意味を持つ法文書の作成過程においては、この機能が広く活用されています。

　変更履歴が付けられていない文書であっても、「文書の比較」機能を活用して、オリジナルの文書と、変更後の文書の差分を明らかにすることができます。

12.1 変更の履歴

　一つの文書を作成するにあたり、同僚の弁護士、事務所スタッフ、クライアントなど、複数のユーザーが関わることが多くあります。その際に、「いつ、誰が、どのような」変更を文書に施したのかを明らかにしておくことで、ユーザー間の円滑なコミュニケーションと、文書作成の効率化を図ることができます。もちろん、すべての変更箇所が文書上に表示されていると、かえって文書全体の見通しが悪くなり、ミスの原因ともなりかねません。重要でない変更については、適切なタイミングで変更箇所の反映、破棄を行うことも検討する必要があります。

12.1.1 変更履歴を記録する

　「校閲」タブ→「変更履歴」グループの「変更履歴の記録」クリックして、変更履歴の記録を開始します。変更履歴が記録されている状態の時は、「変更履歴の記録」ボタンの背景がグレーになっています。

POINT

他のユーザーが変更履歴をオフにできないように強制することもできます。詳しくは第 14 章 14.2.2「操作や編集箇所を制限する」を参照してください。

12.1.2 変更箇所の表示

変更履歴が記録されている状態で、文書中に文字列の挿入、削除などの操作を行うと、文字列に以下のような注釈（変更履歴）が付けられます。また、変更履歴が付けられた行の左には、「｜」マークが表示されます。

- 挿入
  校閲者別に色分けされ、下線が付けられます。
- 削除
  校閲者別に色分けされ、取り消し線が付けられます。
- 書式の変更
  変更内容が吹き出しに表示されます。
- 表
  挿入、削除、結合、分割されたセルが色分けされます。

12.1.3 変更箇所の移動

「校閲」タブ→「変更箇所」グループの、「前へ」または「次へ」をクリックすると、文書内の変更履歴が付けられている箇所を、順に移動していきます。

1. クリック

2. クリックして変更履歴箇所を移動

12.1.4　変更の反映と破棄

　「前へ」または「次へ」で変更履歴箇所に移動し、「校閲」タブ→「変更履歴」グループの「承諾」をクリックすると、変更前の文字列が消え、変更が反映されます。これとは逆に、「元に戻す」をクリックすると、変更後の文字列が消え、変更を破棄します。

変更履歴が付けられた位置で右クリックし、表示されるメニューから、「挿入を反映 (E)」、「挿入を元に戻す (R)」、「削除を反映 (E)」、「削除を元に戻す (R)」などを選択することもできます。

12.1.5 すべての変更の反映と破棄

　すべての変更箇所を一括して反映する場合、「校閲」タブ→「変更履歴」グループの「承諾」の下にある▼をクリックし、「すべての変更を反映 (L)」をクリックします。

POINT

　最終版の確認をするためだけに、変更の一括承諾をする必要はありません。
　変更内容の表示を切り替えるだけで、最終版の確認が可能です。詳しくは 12.4「変更履歴、コメントの表示」を参照してください。

　すべての変更箇所を一括して破棄する場合、「校閲」タブ→「変更履歴」グループの「元に戻す」の横にある▼ボタンをクリックし、「すべての変更を元に戻す (L)」をクリックします。

元の文書の変更履歴を保持したまま他の文書にコピー＆貼り付けをする場合、元の文書と貼り付け先の文書のいずれの「変更履歴の記録」もオフにしておく必要があります。

12.2　コメント

　文書へのコメントの記載方法については、事務所、弁護士、クライアントまたは相手方によって様々であり、Word のコメント機能を利用するのが必ずしも一般的とまではいえない状況です。各当事者がコメント機能を利用するケースもあれば、本文中に括弧書きでコメントを記載するケースもありますし、それらが混在するケースもあります。

　共同作業での文書作成が進むとコメントがあふれかえってしまうことが多いため、Word のコメント機能は利用しないという方針の事務所もあるようです。

　以上の状況をふまえつつ、ここでは Word の解説書という立場に則り、Word のコメント機能を利用するという想定で操作方法などの解説を進めていきます。

12.2.1　コメントの挿入と削除

　他のユーザーに向けたメッセージや、後日のための備忘などの用途で、文書中に任意のコメントを挿入することができます。

　コメントを挿入したい位置を選択し、「校閲」タブ→「コメント」グループの「新しいコメント」をクリックします。

　吹き出しにコメント枠が表示されますので、任意のコメントを入力します。

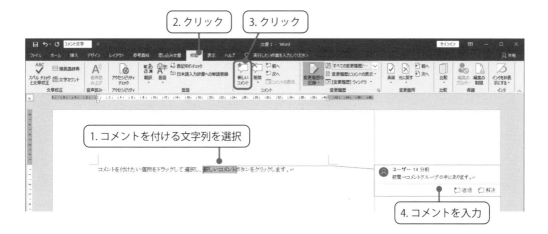

コメントを削除したい場合、削除したいコメントの吹き出しをクリックして選択し、「校閲」タブ→「コメント」グループの「削除」をクリックします。

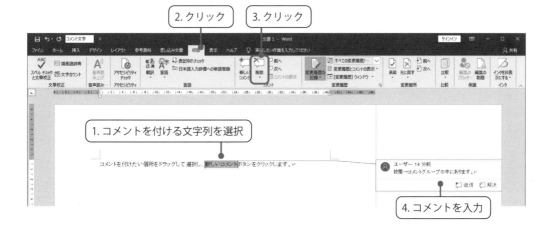

12.3 校閲者名を設定する

　　変更履歴やコメントは、校閲者の「ユーザー名」ごとに、色分けして表示されます。たとえば、クライアントなど事務所外のユーザーとやりとりをする文書において、事務所スタッフが弁護士の指示のもとに修正を行った場合を考えてみます。この場合、弁護士自身の行った変更と事務所スタッフの行った変更が、それぞれ別の名前（別色）で変更履歴として挿入されることになります。しかし、事務所外のユーザーにとって、校閲者に弁護士名と事務所スタッフ名が混在していることは、あまり意味のあることではないかもしれません。変更履歴に表示される名前が、単に文書を見づらくしているだけのものであれば、弁護士と事務所スタッフの「ユーザー名」を同一にしておくことで、変更履歴上は一人の校閲者に見せかけることも可能です。「ユーザー名」は以下の操作で変更することができます。

　　①「校閲」タブをクリック。
　　②「変更履歴」グループ右下の 🔽 をクリック。
　　③「変更履歴オプション」ダイアログが開く
　　④「ユーザー名の変更 (N)」をクリック。

④クリック

　　⑤「全般」をクリック。
　　⑥「ユーザー名 (U)」と「頭文字 (T)」フィールドに入力。
　　⑦「office へのサインイン状態にかかわらず、常にこれらの設定を使用する。(A)」をチェック。
　　⑧「OK」をクリック。

⑤クリック

⑥ユーザー名とイニシャルを入力

⑦チェック

⑧クリック

同じ組織内の複数のユーザーが編集に関わる案件の場合、変更履歴やコメントの色分けが多すぎて、かえって見づらくなってしまうことがあります。この場合、ユーザー名を組織名などに変更して、組織単位での色分けをするのも一つの選択です。

POINT

頭文字は吹き出し中に表示されます。

POINT

「ファイル」タブ→「オプション」から「Word のオプション」を開くこともできます。

POINT

ユーザー名の変更は、現在編集中の文書だけではなく、今後作成または編集されるすべての文書に反映されます。一時的にユーザー名を変更した場合は元に戻しておく必要があります。

ファイルを保存するとユーザー名が消えてしまう場合、第 14 章 14.3.2 の方法で「ファイルを保存するときにファイルのプロパティから個人情報を削除する (R)」のチェックをはずしてください。
これがグレーアウトして操作できない場合、同項の POINT を参照してください。

12.4　変更履歴、コメントの表示

　変更履歴は、文書校閲の点では便利な機能ですが、変更前の文章もすべて表示されるわけですから、文書のレイアウトの点では当然最終版とは異なるものになっています。編集段階で最終版のレイアウトを確認したい場合、一時的に変更履歴を非表示にできます。

12.4.1　変更履歴、コメント表示のオン / オフ

　文書の編集作業中に最終的なレイアウトを確認したい場合、変更履歴の表示方法を切り替えて、変更履歴やコメントを一時的に隠すことができます。
　表示方法は「校閲」タブ→「変更履歴」グループから切り替えることができます。

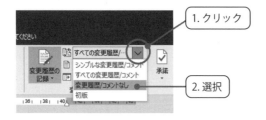

- シンプルな変更履歴 / コメント
  変更履歴の存在する行の左に縦の線が表示されます。具体的な変更内容は表示されません。コメントは通常通り表示されます。
- すべての変更履歴 / コメント
  すべての変更履歴とコメントが表示されている状態です。初版との違いが表示されます。

- 変更履歴 / コメントなし
変更履歴がすべて反映されたと仮定した場合の状態です。コメントも表示されません。

- 初版
変更が加えられる前の状態の文書です。コメントも表示されません。

12.4.2　変更履歴とコメントの表示方法

12.4.2.1　表示位置の選択

　デフォルトでは、挿入・削除は本文中に、書式の変更やコメントは吹き出しに表示されますが、すべて吹き出しに表示されるように変更することもできます。

　「校閲」タブ→「変更履歴」グループの「変更履歴とコメントの表示」→「吹き出し」をクリックし、表示位置を選択します。

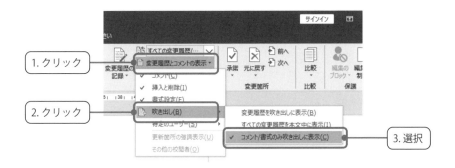

- 変更履歴を吹き出しに表示 (B)
挿入・削除も含め、すべての変更履歴を吹き出しに表示します。

- すべての変更履歴を本文中に表示 (I)
書式の変更を含め、すべての変更履歴を本文中に表示します。

- コメント / 書式のみ吹き出しに表示 (C)
挿入・削除は本文中に、書式の変更とコメントは吹き出しに表示します。

12.4.2.2　項目別の表示・非表示

　変更履歴の挿入・削除、書式の設定、コメントなどの表示 / 非表示を、項目別に切り替えることができます。

　「校閲」タブ→「変更履歴」グループの「変更履歴とコメントの表示」をクリックし、表示 / 非表示にしたい項目を選択します。チェックが付いているのが、表示される項目です。

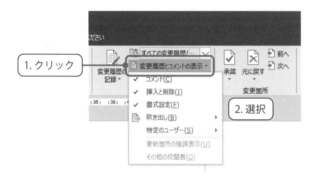

12.4.2.3　特定の校閲者の変更履歴、コメントの表示 / 非表示

　特定の校閲者による変更履歴のみを表示することもできます。「校閲」タブ→「変更履歴」グループの「変更履歴とコメントの表示」をクリックし、「特定のユーザー (S)」から、各校閲者の変更履歴の表示 / 非表示を切り替えることができます。

POINT

上の機能を応用すれば、特定の校閲者の変更履歴のみを、一括して反映 / 破棄することができます。一括反映（または破棄）したい校閲者の変更履歴のみを表示し、「承諾」の下の▼ボタンをクリックして、「表示されたすべての変更を反映 (A)」をクリックします。

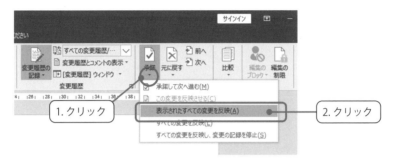

12.5 変更履歴、コメントの印刷

　一般に、PC の画面上の文書よりも紙ベースの文書の方が一覧性は高いため、弁護士によっては編集途中の文書をプリントアウトし、紙ベースで内容を検討することがあります。プリントアウトの際に変更履歴やコメントを一緒に印刷する場合、前節の方法で表示方法を切り替えてから印刷する方法もありますが、Word の印刷画面の段階で、変更履歴 / コメントありの印刷形態に切り替えて印刷する方法もあります。「ファイル」タブ→「印刷」で、「設定」から「変更履歴 / コメントの印刷」を選択して印刷します。

12.5.1　変更履歴オプション

　変更履歴オプションを変更することにより、変更履歴やコメントの表示方法について、より細かな制御を行うことができます。

　①「校閲」タブをクリック。
　②「変更履歴」グループ右下の ⌐ をクリック。
　③「変更履歴オプション」ダイアログが開く
　④「詳細オプション (A)」をクリック。

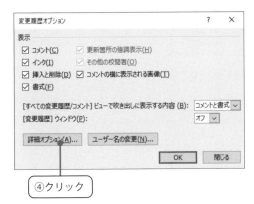

④クリック

⑤「変更履歴の詳細オプション」ダイアログが開く。

⑥ 下図を参考に設定を行う。

⑦ 設定が完了したら「OK」をクリック。

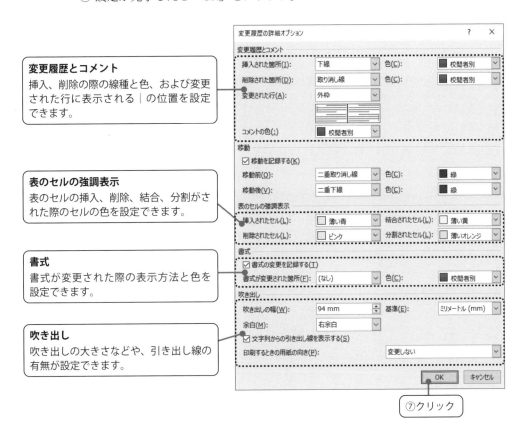

変更履歴とコメント
挿入、削除の際の線種と色、および変更された行に表示される｜の位置を設定できます。

表のセルの強調表示
表のセルの挿入、削除、結合、分割がされた際のセルの色を設定できます。

書式
書式が変更された際の表示方法と色を設定できます。

吹き出し
吹き出しの大きさなどや、引き出し線の有無が設定できます。

⑦クリック

12.6　文書を比較する

　変更履歴の付けられていない文書や、最終版間近の文書において、以前の版との変更点を比較したい場合などに、文書比較機能が利用されます。

　また、変更履歴付きで編集された文書であっても、相手方から送付されてきたような文書の場合、意図的かどうかにかかわらずすべての変更点に履歴が付けられている保証はありません。このような場合、手元の版と比較して変更点のダブルチェックを行う用途にも利用できます。

12.6.1　文書を並べて比較

　2つの文書を並べて、目視で比較する方法です。比較したい2つの文書を開き、「表示」タブ→「ウィンドウ」グループの「並べて比較」をクリックします。

　一方の文書を縦にスクロールすると、もう一方の文書も同時にスクロールします。

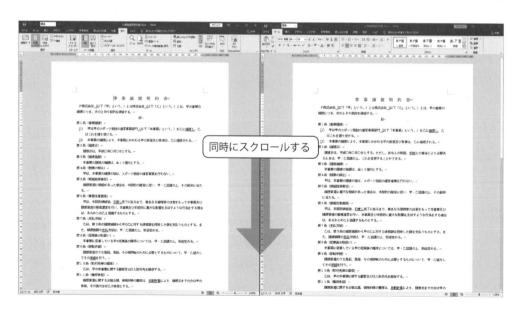

12.6.2 文書の比較の利用

文書比較機能を使うことで、2つの文書の差分や、書式の変更点などを表示することができます。

① 比較したい2つの文書の両方を開く。
②「校閲」タブをクリック。
③「比較」グループの「比較」をクリック。
④「比較 (C)」をクリック。

⑤「文書の比較」ダイアログが開く。
⑥「元の文書 (O)」フィールドの▼をクリックして、一覧から比較元の文書を選択。（一覧にない場合は📁から文書を指定。）
⑦ 同様に「変更された文書 (R)」に、変更後の文書を選択。
⑧「オプション (M)」をクリック。
⑨「変更の表示対象」のなかの、「新規文書 (U)」をクリック。
⑩「OK」をクリック。

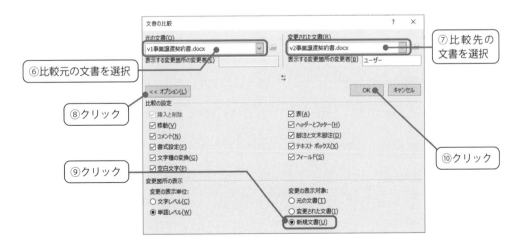

比較結果

比較結果はそのまま「名前を付けて保存」で保存することができます。

比較結果や変更履歴が付けられた文書は、「赤」、「レッド」、「レッドライン」、「ファーストドラフトとの比較」などと呼ばれることがあります。

12.6.3　文書の組み込み

同じ文書を複数のユーザーに配布し、各ユーザーが編集した後に一つの文書として統合することができます。各ユーザーによる変更箇所は、ユーザー名ごとに色分けして表示されます。

① テストユーザーとユーザーBが編集した両方の文書を開く。
②「校閲」タブをクリック。

③「比較」グループの「比較」をクリック。

④「組み込み (M)」をクリック。

⑤「文書の組み込み」ダイアログが開く。

⑥「元の文書 (O)」フィールドの▼をクリックして、一覧からテストユーザーが編集した文書を選択。（一覧にない場合は 📁 から文書を指定。）

⑦ 同様に「変更された文書 (R)」に、ユーザー B が編集した文書を選択。

⑧「オプション (M)」をクリック。

⑨「変更の表示対象」のなかの「新規文書 (U)」をクリック。

⑩「OK」をクリック。

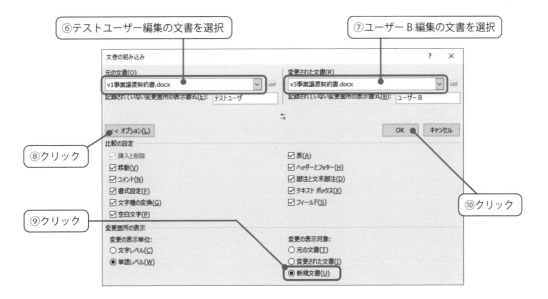

組み込み結果

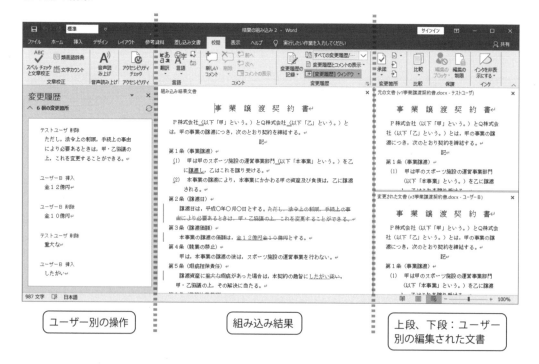

ユーザー別の操作

組み込み結果

上段、下段：ユーザー別の編集された文書

13

差し込み印刷

　法文書の作成からは少し離れますが、法律事務所の総務業務の一つとして、宛先だけを変えて同じ文書を大量に送付することがあります。年賀状や暑中見舞い、クライアントに対する新入所弁護士やパートナー就任の挨拶状など、主にビジネスデベロップメント面でのニーズが多いのではないでしょうか。文書を大量送付するにあたり、手入力とコピー＆ペーストで、送付文書を一つ一つ作成することも可能ですが、作業量が膨大な上に、転記ミスを引き起こしかねず、必ずしもスマートな方法とはいえません。このような場合、「差し込み印刷」を活用すると、Outlook や Excel など、他の Office システムで管理している宛先データを利用して、自動的に書状やラベルを印刷することができます。

13.1 差し込み印刷の開始

　差し込み印刷は、基本的には「差し込み文書」タブ内の各グループを、左から右に沿って操作していけば完了します。

①「差し込み文書」タブをクリック。
②「差し込み印刷の開始」グループの「差し込み印刷の開始」をクリック。
③ 宛先データを挿入する文書の種類を選択。

　ラベルを選択した場合はラベルの種類を、封筒を選択した場合は封筒の種類を選択するダイアログが表示されます。

13.1.1 ラベルを選択した場合の設定

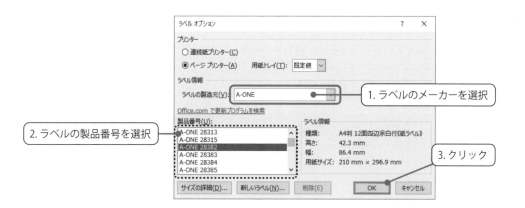

1. ラベルのメーカーを選択
2. ラベルの製品番号を選択
3. クリック

POINT

ラベルの「製品番号」は、ラベル用紙またはラベル用紙のパッケージに記載されています。

13.1.2 封筒を選択した場合の設定

1. クリック
2. 封筒のサイズを選択
3. クリック
4. 印刷時の封筒の置き方を選択

5. クリック

13.2 宛先の選択

① 「差し込み文書」タブをクリック。

② 「差し込み印刷の開始」グループの「宛先の選択」をクリック。

③ 宛先データの種類を選択します。

13.3 宛先データの編集

　前節で選択した宛先データのなかから、一部の宛先を除外したり、宛先の重複チェックを行ったりすることができます。これらの操作が必要ない場合は省略してもかまいません。

① 「差し込み文書」タブをクリック。

② 「差し込み印刷の開始」グループの「アドレス帳の編集」をクリック。

　「差し込み印刷の宛先」ダイアログから、除外したい宛先のチェックをはずします。また、「重複のチェック (D)」をクリックして、重複している宛先を除外します。

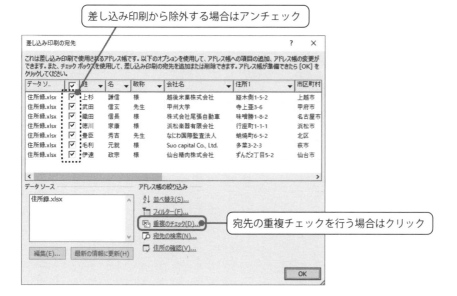

　差し込み印刷から除外する場合はアンチェック

　宛先の重複チェックを行う場合はクリック

13.4 差し込みフィールドの挿入

①「差し込み文書」タブをクリック。
②「文章入力とフィールドの挿入」グループの「差し込みフィールドの挿入」をクリック。

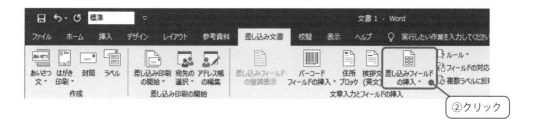

②クリック

③「差し込みフィールドの挿入」ダイアログが開く。

④「フィールド (F)」から、挿入するフィールドを選択

⑤「挿入 (I)」をクリック。

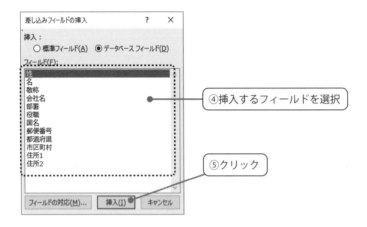

フィールドの挿入例（国内宛の場合）

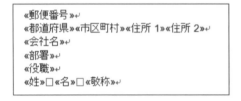

　各フィールドをスペースや改行で区切る場合、"<<" や ">>" の前後にカーソルを移動し、スペースキーで余白を、Enter キーで改行を挿入します。また、<< 敬称 >> フィールドの代わりに、直接 " 様 " などの文字を入力することも可能です。

ラベルの場合、フィールドを挿入したら、「差し込み文書」タブ→「文章入力とフィールドの挿入」グループの「複数ラベルに反映」をクリックして、すべてのラベルを更新します。

「差し込み文書」タブ→「文章入力とフィールドの挿入」グループの「住所ブロック」をクリックすると、フィールドを一つ一つ挿入する代わりに、住所や名前をまとめて挿入することができます。ただし、部署名など、住所ブロックに含まれないフィールドは挿入されないので、注意が必要です。

13.5　結果のプレビュー

　フィールドが挿入されたら、結果をプレビューして確認することができます。「差し込み文書」タブ→「結果のプレビュー」グループの「結果のプレビュー」をクリックすると、フィールド名の表示から、実際の宛先データの表示に切り替えることができます。プレビューの結果が想定したものと異なる場合、もう一度「結果のプレビュー」をクリックしてフィールド名の表示に戻り、フィールドを編集します。

クリック
（もう一度クリックすると元に戻る）

13.6 フィールドの対応

　Excel などで管理している宛先データの場合、"<< 郵便番号 >>" などのフィールド名が Excel 内の列名と対応せず、差し込み印刷の結果に反映されないことがあります。この場合、以下の操作でフィールド名の対応付けを行います。

　①「差し込み文書」タブをクリック。
　②「文章入力とフィールドの挿入」グループの「フィールドの対応」をクリック。

　③「フィールドの対応」ダイアログが開く。
　④ フィールド名と、Excel 内の列名を対応付ける。
　⑤ 対応付けが完了したら、「OK」をクリック。

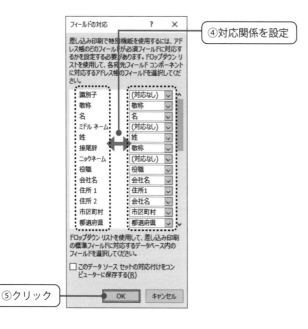

同じレイアウトの封筒やラベルを、宛先データを変えて定期的に作成する場合、上で作成したファイルを「名前を付けて保存」しておけば、他の宛先データに対しても再利用することができます。宛先を変更するには、13.2 の「宛先の選択」の操作で別の宛先データを選択します。

13.7 差し込み印刷の完了

プレビューの結果が問題なければ、「差し込み文書」タブ→「完了」グループの「完了と差し込み」をクリックし、「個々のドキュメントの編集 (E)」をクリックして、最終版を別ファイルとして作成します。

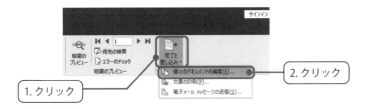

1. クリック　　2. クリック

「新規文章の差し込み」ダイアログが開いたら、「すべて (A)」をチェックして「OK」をクリックします。

1. チェック　　2. クリック

後々再編集の必要が生じるかもしれませんので、フィールドの入った元のファイルも保存しておきましょう。

14

法文書を取り扱う上での
セキュリティ

　法文書は機密性の高い文書であることが多いため、一般の文書以上に高いセキュリティ意識を持って取り扱う必要があります。特に、文書を外部にソフトコピーで配布する場合、パスワードを設定して閲覧・編集できるユーザーを制限したり、ファイルのメタデータを事前に削除したりといった措置を講じておく必要があります。また、停電やシステムダウンなどの突発的なトラブルにより作成中のファイルが消失してしまわないよう、自動バックアップの設定についても知っておきましょう。

14.1　パスワードの設定

　文書にパスワードを設定することで、パスワードを知っているユーザーのみがファイルを扱えるように設定することができます。ファイルを開く操作を制限するパスワードと、ファイルの編集を制限するパスワードを、別個に設定することもできます。

①「ファイル」タブをクリック。
②「名前を付けて保存」をクリック。
③「参照」をクリック。
④「名前を付けて保存」ダイアログが開く。
⑤「ツール (L)」をクリック。
⑥「全般オプション (G)」をクリック。

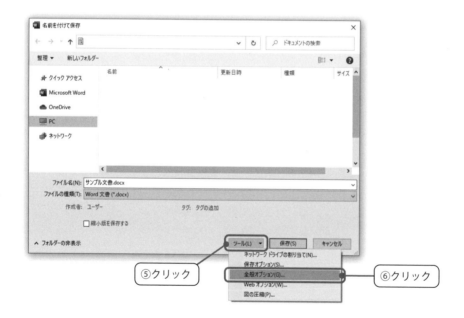

⑦「読み取りパスワード (O)」または「書き込みパスワード (M)」を設定。
　●「読み取りパスワード (O)」
　　文書を開く際にパスワードが要求され、パスワードを入力しないとファイルを開くことができません。

●「書き込みパスワード (M)」
　文書を開く際にパスワードが要求され、パスワードを入力しないとファイルが
　読み取り専用で開きます。
⑧「OK」をクリック。

⑦ パスワードを設定

⑧ クリック

⑨「パスワードの確認」ダイアログが開く。
⑩ 同じパスワードを再入力。
⑪「OK」をクリック。

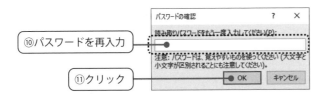

⑩ パスワードを再入力

⑪ クリック

パスワードは、複雑であればあるほど安全なものになりますが、一方で、複雑にしすぎるのも業
務の円滑さに支障をきたしかねません。また、複雑すぎるからという理由で、付箋などでパスワ
ードを貼り付けておくようになってしまっては本末転倒です。実際には、文書の機密レベルによ
って、複雑なパスワードと簡単なパスワードを使い分けるのが現実的なように思います。

POINT

パスワードの強度は、パスワードに使用する文字種の多様さと文字列の長さに依存します。
Word 2019 において、数字のみ 4 桁のような「マナーとしてのパスワード」ではなく、ある程度「破
られない」パスワードとしたい場合、少なくとも「英大文字、英小文字、数字」が混在した「8 桁」
以上の文字列とすることが必要です。できればこれに「記号」も混在させた上で、「10 桁」以上
とすることをおすすめします。

POINT

より万全を期すのであれば、パスワードの受け渡し方法についても配慮する必要があります。
パスワード付きのファイルをメール添付で送り、その後に別メールでパスワードを伝える方法は、
メールの誤配信対策としては意味を持つことがありますが、盗聴などの中間者攻撃への対策とし
てはあまり意味がありません。

14.2　文書の保護

　文書の保護を利用すると、他のユーザーが行うことのできる文書の編集操作を制限
することができます。これにより、「他のユーザーにうっかり文書を変更されてしまう」
という事態を防ぐことができます。

　文書の保護を行うには、「校閲」タブ→「保護」グループの「編集の制限」をクリックし、
画面右側に開く「編集の制限」ウィンドウから操作を行います。

14.2.1　利用可能な書式を制限する

　「ホーム」タブ→「スタイル」グループに表示されるスタイルを制限することで、文
書内に存在可能なスタイルを制限することができます。

①「校閲」タブ→「保護」グループの「文書の保護」をクリックして、画面右側に
　「編集の制限」ウィンドウを開き、「利用可能な書式を制限する」をチェック。
②「設定」をクリック。

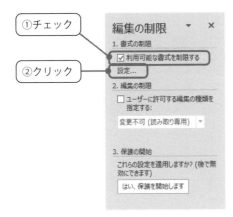

③「書式の制限」ダイアログが開く。

④ スタイル一覧のなかから、利用可能としたいもののみにチェック。

⑤「OK」をクリック。

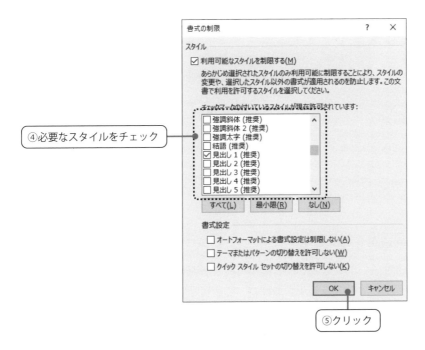

⑥「編集の制限」ウィンドウの、「はい、保護を開始します」をクリック。

⑦「保護の開始」ダイアログが開く。

⑧ パスワードを設定。

　　　ここでパスワードを設定すれば、パスワードを知っているユーザー以外は、文書の保護を中止することができなくなります。パスワードは空欄にしておくこともできますが、この場合、すべてのユーザーが文書の保護を中止することができる、ということになります。

　　　⑨「OK」をクリック。

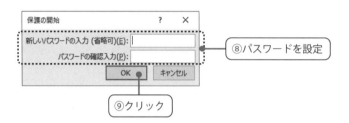

　　　ここまでの操作で文書の保護が開始されました。試しにスタイル一覧を見てみると、以下のように利用できるスタイルが制限されています。

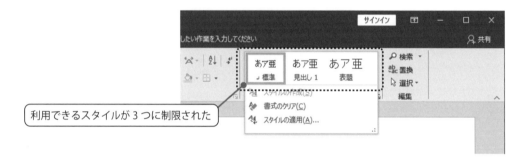

14.2.2　操作や編集箇所を制限する

　　　他のユーザーに対し、行える操作や、編集可能な箇所を制限することができます。たとえば、他のユーザーが文書を編集する際に、変更履歴を付けることを強制したい場合や、コメントやフォーム以外の箇所を変更してほしくない場合などに利用できる機能です。

　　　①「校閲」タブ→「保護」グループの「文書の保護」をクリックして、画面右側に「編集の制限」ウィンドウを開き、「ユーザーに許可する編集の種類を指定する」をチェック。

② 一覧から制限したい内容を選択。

- 変更履歴

他のユーザーが「変更履歴の記録」をオフにできないよう設定できます。保護を開始すると同時に、「変更履歴の記録」もオンの状態になります。

- コメント

他のユーザーが編集できる箇所をコメントのみとし、それ以外の箇所を編集できないように設定します。

- 変更不可（読み取り専用）

他のユーザーによる一切の編集を制限します。

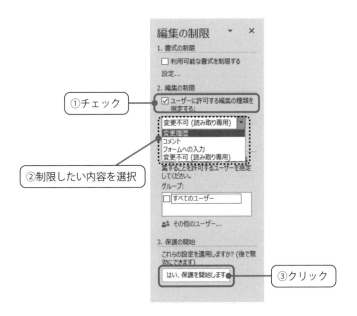

③「はい、保護を開始します」をクリック。

④「保護の開始」ダイアログが開く。

⑤ パスワードを設定。

ここでパスワードを設定すれば、パスワードを知っているユーザー以外は、文書の保護を中止することができなくなります。パスワードは空欄にしておくこともできますが、この場合、すべてのユーザーが文書の保護を中止することができる、ということになります。

⑥「OK」をクリック。

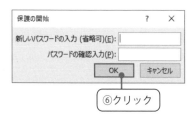

⑥クリック

　以上の操作で文書の保護が開始されました。変更履歴の制限をした場合は「変更履歴の記録」ボタンが、コメントを選択した場合は「コメント」グループ以外の編集に関わるボタンが、それぞれグレーアウトされ操作できないようになっています。

「変更履歴」を選択した場合

クリックできない

「コメント」を選択した場合

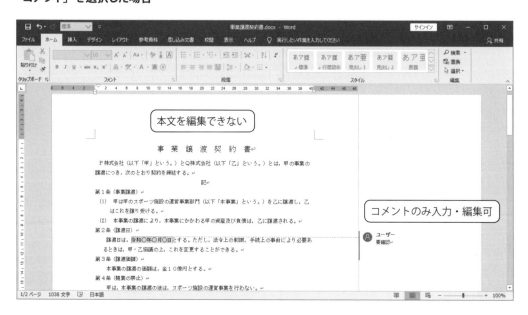

本文を編集できない

コメントのみ入力・編集可

14.2.3 文書の保護の中止

「校閲」タブ→「保護」グループの「文書の保護」をクリックして、画面右側に「編集の制限」ウィンドウを開き、「保護の中止」をクリックします。

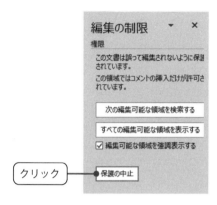

クリック

14.3　ドキュメント検査

　ドキュメント検査を行うと、メタデータと呼ばれる本文以外の情報の存在を検査し、削除することができます。公に配布する文書などについては、必ずドキュメント検査を行い、不要なメタデータを削除してください。

　①「ファイル」タブをクリック。
　②「情報」をクリック。
　③「文書の検査」をクリック。
　④「ドキュメント検査 (I)」をクリック。

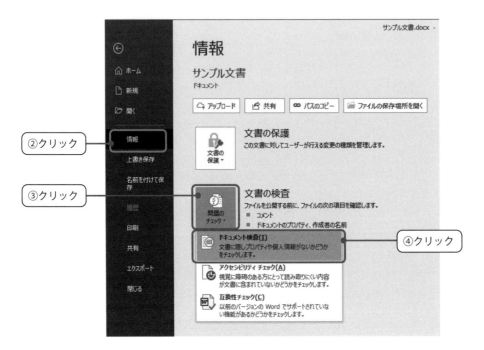

　⑤「ドキュメント検査」ダイアログが開く。
　⑥「検査 (I)」ボタンをクリック。

　検査の結果、存在が発見された項目に ！ が付けられ、「すべて削除」ボタンが出現します。どの項目を削除するかの基準については以下を参考にしてください。特に、「コメント、変更履歴、バージョンおよび注釈」と、「ドキュメントのプロパティと個人情報」

については、意図しない情報が含まれていることがありますので注意が必要です。

削除する場合クリック

- コメント、変更履歴、バージョンおよび注釈

  文書中のコメントや、変更履歴などを削除します。外部に配布する場合、不要な
  コメントや変更履歴は削除を検討してください。

- ドキュメントのプロパティと個人情報

  ファイルの作成者の名前や組織名などの情報を削除します。通常は、削除しても
  問題ありません。

- カスタム XML データ

  通常の Word の使用では出現しませんので無視してください。

- ヘッダー、フッター、透かし

  必要なヘッダー、フッターまで削除されてしまうので、注意してください。文書
  中に表示されているものですので、通常は削除する必要はありません。

- 隠し文字

  スタイルセパレーターなどの、隠し文字を削除します。場合によっては、レイア
  ウトが崩れてしまうことになりますので、削除の際は注意する必要があります。

ドキュメントの検査を行ってメタデータを削除すると、「元に戻す」の操作を行っても、削除前の状態に戻すことはできません。

ドキュメントの検査を行う前に、文書をオリジナル版として保存し、それをコピーしたファイルを外部配布用としてドキュメント検査を行うことをおすすめします。

14.3.1　ドキュメント検査実施のタイミング

ドキュメント検査を行うタイミングは、主に 2 つ考えられます。

① 過去に作成した文書を再利用して、新たな文書を作成する場合

過去に作成した文書には、作成当時の作成者の名前や組織名が、メタデータとしてファイルに設定されている場合があります。新たな文書として使用する前に、これらの情報を削除する必要があります。

② 文書を外部に配布する場合

作成者の情報や変更履歴が付いたままの文書を外部に公開することは、情報漏洩リスクを伴います。外部に配布する前に、ファイルをコピーして内部用と外部配布用に分け、外部配布用についてはドキュメント検査を行います。

14.3.2　個人情報の自動削除

ドキュメントのプロパティと個人情報の削除を行うと、以降は保存の際、自動的に個人情報が削除されるようになります。セキュリティ上は望ましい仕様かもしれませんが、たとえば、検査後の文書に変更履歴を付けた場合、次回保存時に変更履歴からユーザーの名前が自動的に削除される、ということになり、校閲者別の色分けができなくなります。これを防ぐには、以下の手順で個人情報の自動削除の設定を解除してください。

① 「ファイル」タブをクリック。
② 「オプション」をクリック。
③ 「セキュリティセンター」をクリック。
④ 「セキュリティセンターの設定 (T)」をクリック。
⑤ 「プライバシーオプション」をクリック。

⑥「ファイルを保存するときにファイルのプロパティから個人情報を削除する (R)」
のチェックをはずす。

⑦「OK」クリック。

POINT ....

一度もドキュメント検査の「ドキュメントのプロパティと個人情報」の削除を行ったことのない
文書は、「ファイルを保存するときにファイルのプロパティから個人情報を削除する (R)」がグレー
アウトして操作できません。

....

14.4　バックアップの設定

　ファイルのバックアップに関する設定をしておけば、万一の停電や、PC のトラブル、
誤操作の際に、ファイルが消失してしまうリスクを最小限に抑えることができます。

　Word のバックアップ設定の話とは少し離れますが、法律事務所にとって、過去の文
書は貴重な財産の一つですので、普段からデータ消失などの不測の事態に備えておくこ
とも必要です。クローズした案件や、比較的動きの少ない案件の文書については、別に
ファイルストレージを設け、随時アクセス可能な状態としながら保存管理しておくなど
の運用も考えられます。

14.4.1　上書き保存の際にバックアップが作成されるようにする

　　デフォルトの設定では、いったんファイルを上書き保存すると、原則それ以前の状態に戻すことはできません。設定を変更すれば、一つ前の上書き保存した時点のファイルが、「バックアップ〜（ファイル名)」という名前で自動作成されるようになります。

　　①「ファイル」タブをクリック。
　　②「オプション」をクリック。
　　③「詳細設定」をクリック。
　　④「保存」グループの「バックアップファイルを作成する (B)」をチェック。
　　⑤「OK」をクリック。

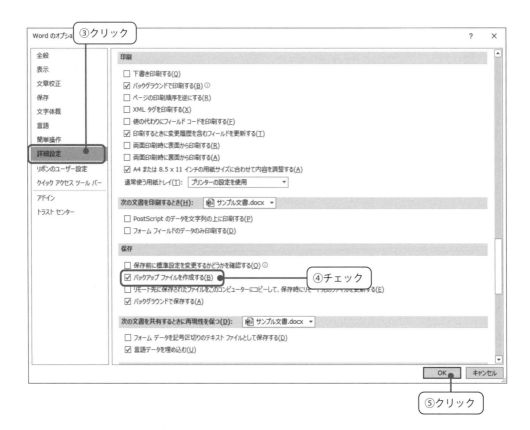

POINT

OS の機能としてファイルの版管理が自動で行われ、過去のファイルが復元できる場合があります。

14.4.1.1 バックアップの復元方法

現在のファイルと同じ場所に、「バックアップ〜（ファイル名)」というファイルが作成されます。このファイルが一つ前の上書き保存時のファイルになります。

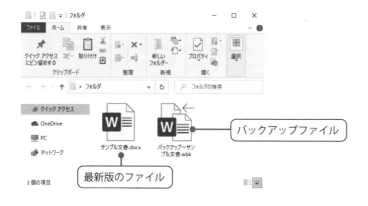

14.4.2 定期的にファイルを自動保存する

数分おきにファイルが自動保存されるよう設定しておけば、PC トラブルなどで Word が異常終了した際に、ファイルを数分前の状態にまで回復することができます。ただし、誤って保存せずに閉じてしまったなどの正常終了の場合、ファイルを回復することはできません。デフォルトでは、約 10 分に 1 回自動保存されるように設定されています。

①「ファイル」タブをクリック。

②「オプション」をクリック。

③「保存」をクリック。

④「文書の保存」グループの「次の間隔で回復用データを自動保存する (A)」の値を
指定。

⑤「OK」をクリック。

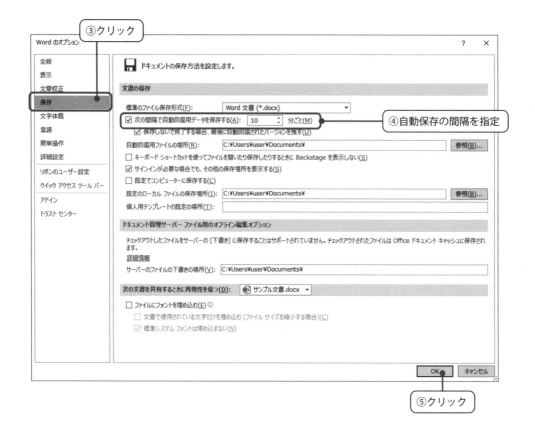

自動保存の間隔を 10 分とした場合でも、実際に自動回復用データが作成されるのは、ファイル
を開き、最後に文書が変更されてから 10 分が経過し、かつユーザーの操作が数秒間行われなか
ったタイミングとなります。

したがって、必ずしも 10 分おきに保存されるわけではありません。

14.4.2.1 異常終了の場合の復元方法

Word が異常終了した場合、新規に Word を開くと画面左側に「ドキュメントの回復」ウィンドウが開きます。この一覧のなかから、作成時間をもとに復元ファイルをクリックして選択します。

「ドキュメントの回復」ウィンドウが開く

復元ファイルを選択してクリック

14.5 オンラインストレージの利用

　オンラインストレージは、データへのアクセスが容易で手軽に利用でき、おそらくは各種災害に備えた体制を持つデータセンターに保存管理できるというメリットがある反面、データへのアクセスの良さの負の側面としての情報漏洩リスクや、データをベンダー等の第三者の管理下に置くことにまつわる情報漏洩リスクなど、相応のリスクが生じます。

　一方で、ローカルの環境にストレージを設置すれば、データが自社の管理下にあるという点では安心です。簡易なストレージとして、たとえば RAID 機能付きのネットワークドライブ（NAS）などを導入すれば、手間も少なく費用も安く済みますが、それでも

相応の管理の負担は生じてきます。また、事務所が災害などの被害にあった際には、物理的に近距離にあるストレージ自体も同時に被害を受ける可能性が高くなります。

　どちらにもメリット / デメリットが存在しますので、データの機密性や利用頻度などに合わせて、最適な組み合わせの検討が必要となります。

索引

■ 著者プロフィール

高田 靖也 （たかだ・せいや）

東京大学大学院修了。複数の外資系法律事務所にて、IT 関連業務に従事。現在、インテリーガル株式会社にて、主に法律事務所向けの IT コンサルティング業務に携わる。

■ 監修者プロフィール

小路 健太郎 （しょうじ・けんたろう）

慶應義塾大学法学部卒業。弁護士、米国ニューヨーク州弁護士。オリック東京法律事務所・外国法共同事業所属。主に国内外のスポンサー、デベロッパーを代理して、再生可能エネルギープロジェクトに関する開発業務、資金調達や M&A を取り扱う。

法文書作成のための Microsoft Word 2019

2020 年 8 月 10 日　　初版第 1 刷発行
2021 年 7 月 10 日　　第 2 刷発行

著　者　高田 靖也
監修者　小路 健太郎
発行人　石塚 勝敏
発　行　株式会社 カットシステム
　　　　〒 169-0073 東京都新宿区百人町 4-9-7　新宿ユーエストビル 8F
　　　　TEL （03）5348-3850　　FAX （03）5348-3851
　　　　URL　https://www.cutt.co.jp/
　　　　振替　00130-6-17174
印　刷　シナノ書籍印刷 株式会社

本書に関するご意見、ご質問は小社出版部宛まで文書か、sales@cutt.co.jp 宛に
e-mail でお送りください。電話によるお問い合わせはご遠慮ください。また、本書の内
容を超えるご質問にはお答えできませんので、あらかじめご了承ください。

Cover design Y.Yamaguchi　　© 2020 高田 靖也
Printed in Japan　ISBN978-4-87783-473-9